전자산업

박기주

15

전자산업

초판1쇄 인쇄 2024년 3월 4일
초판1쇄 발행 2024년 3월 11일

저 자 박기주
발행인 노현철
발행처 도서출판 해남

출판등록 1995. 5. 10 제 1-1885호
주 소 서울특별시 마포구 마포대로8길 9 영명빌딩 405호
전 화 739-4822 **팩스** 720-4823
이 메 일 haenamin30@naver.com
홈페이지 www.hpub.co.kr

ISBN 978-89-6238-815-2 93320

이 저서는 2021년 대한민국 교육부와 한국학중앙연구원(한국학진흥사업단)을 통해 K학술확산 연구소사업의 지원을 받아 수행된 연구임(AKS-2021-KDA-1250002).

머리말

세기 전환기인 1997년 말에 한국은 엄청난 경제위기에 직면하였다. 흔히 'IMF 외환위기'라고 하는 국가부도 사태이다. 달러 부족으로 연초에 800원대였던 원-달러 환율이 2,000원에 육박하기도 하였다. IMF로부터 구제금융을 승인받아 간신히 위기를 넘겼지만 가혹한 구조조정이 강요되었으며, 1998년의 경제성장률은 마이너스 6.9%를 기록하였다. 금 모으기 운동으로 상징되는 각고의 노력과 희생이 있었으며, 방만하고 불투명하였던 기업지배구조에 빅딜이라는 메스가 가해졌다. 그 결과, 한국은 IMF로부터 빌린 550억 달러의 채무를 1998년 12월부터 조금씩 상환하기 시작하여 예정된 상환 만기일보다 3년 정도를 앞당겨 모두 상환함으로써 2001년 8월에 IMF 관리 체제로부터 완전히 벗어났다.

그로부터 얼마 지나지 않은 2002년 1월에 미국 라스베이거스에서 세계 최대의 가전 전시회인 '2002 CES'

가 개막되었다. 여기서 진대제 삼성전자 디지털미디어 총괄사장이 아시아인 최초로 개막 기조연설에 나서 주목을 받았다. 2월에 샌프란시스코에서는 세계 최고 권위의 반도체학회인 국제반도체회로학회(International Solid-State Circuit Conference: ISSCC)가 개최되었다. 이 학회에 황창규 삼성전자 메모리 사업부 사장이 기조연설을 하였다. 같은 해 『월 스트리트 저널』 6월 14일자는 "삼성전자는 소니를 능가하는 세계적 전자업체로 도약하려고 한다"고 보도하였다. 전년도에 IT 분야 대부분의 세계 일류 기업들이 적자를 보았지만 삼성은 흑자를 유지하였으며, 메모리 반도체, LCD, 이동통신 단말기 시장에서 세계 1위였다(한국경제특별취재팀 2002).

이제 막 혹독한 시련에서 벗어난 변방의 국가인 한국 기업이 세계 최고의 기술을 가진 미국에서 마이크로소프트, 인텔, 소니 등 세계 최고의 가전 및 정보통신업체들이 즐비한 가운데서 부상하는 순간이었다. 이후 삼성, LG, SK하이닉스(빅딜로 LG반도체가 현대전자에 합병된 후 탄생한 하이닉스반도체를 SK가 인수하여 사명을 변경)는 가전제품과 메모리 반도체, 스마트폰 등에서 세계 시장과 기술을 선도하여 왔다. 이제 세계는 한국 전자산업의 동향에 주목하고 있다.

조선, 철강, 화학과 같은 여타의 중화학공업과 달리, 전자산업은 역사가 오래 되지 않은 산업이고 첨단산업이어서 선진국의 기술 보호가 심하고 기술 이전이 쉽지 않은 산업이다. 오늘날 국가 간 기술 보안이 가장 심한 분야가 반도체와 통신 부문을 포함하는 전자산업이라고 할 수 있다. 그럼에도 후발국인 한국은 아주 단기간에 선진국의 기술을 추격하고 마침내 전자산업의 주요 부문에서 시장을 선도하는 지위에 올랐는데, 이는 한국경제가 보여 준 놀라운 성과라고 할 수 있다.

이 책은 한국의 전자산업이 세계를 선도할 수 있게 되기 전의 30여 년 동안에 기술의 모방에 머물지 않고 기술 추월 혹은 선도 기반을 형성해 가는 과정을 설명하고 있다. 흔히 고도성장기라 하는 그 시기에 한국의 정부와 기업이 상호 작용하면서 사회적 능력을 발휘하였다. 그것은 경로 의존적이기도 하지만 상황을 돌파하는 창조적인 과정이었다. 소책자가 그 전 과정을 다 포함하기에는 부족하지만, 선진국을 추격할 수 있었던 배경과 요인을 나름대로 정리하였다. 이 프로젝트를 총괄해 주신 서울대 조영준 교수와 논평

해 주신 과학기술정책연구원의 배용호 박사께 감사드리며 출판을 맡은 도서출판 해남에도 감사드린다.

2024. 2

박기주

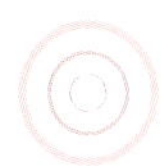

차례

들어가며

20세기 말에 세계는 공업화 사회에서 정보화 사회로 변하고 있었으며, 이러한 변화를 가능하게 한 전자산업•은 최근 수십 년 사이에 가장 빠르게 성장하였다. 1980년대 초에 일본 노무라 연구소는 2000년까지 일본 전자산업의 성장률이 일본 경제 성장률의 3배에 가까울 것으로 전망하였으며, 한국개발연구원(KDI)에서도 한국의 전자산업이 고도성장을 할 것으로 전망하였다(한국전자공업진흥회·전자산업발전민간협의회 1989: 99). 전자산업의 종주국은 미국이며, 일본이 한때 미국을 능가하는 위치까지 올랐으나 지금은 후발국인 한국과 대만이 빠른 속도로 성장하면서 세계 시장에서 큰 비중을 차지하고 있다.

전자산업: 전자의 운동 특성을 응용하여 가정용 기기, 산업용 기기, 부품 및 소재를 생산하는 산업을 말한다. 현재는 컴퓨터와 통신기기가 중요한 비중을 차지하면서 전자산업을 정보전자통신산업으로 부르고 있다.

한국 전자산업의 생산액은 1967년에 5,500만 달러로, 당시 세계 1위인 미국의 1/400, 2위인 일본의 1/67 수준에 불과하였고, 대만에 비해서도 상당히 뒤처져 있었다(한국공학한림원 2019). 그러나 산업자원부 통계에 의하면, 2018년 현재 한국의 전자산업 생산액은 중국, 미국에 이어 세계 3위이고, 미국의 0.7배, 일본의 1.4배, 대만의 2.2배 수준이다. 특히 한국의 최대 기업인 삼성전자는 메모리 반도체, 디스플레이와 TV, 스마트폰 등 부품과 완성품 모두에서 세계 1, 2위를 다투고 있다.

1958년에 금성사가 진공관 AM 라디오를 조립 생산하면서 시작된 한국의 전자산업은 1960년대 후반부터 외국인 직접투자와 국내 기업에 의한 생산과 수출을 통해 부품 조립과 가전제품 중심으로 양적 성장을 하였다. 1980~1990년대에 가전제품에서 국제 경쟁력을 갖게 되고 부품과 산업용 기기 부문으로 확장되면서 질적으로 발전하였으며, 1990년대 말 외환위기 이후 마침내 세계 시장을 선도하는 위치에 올랐다. 한국공학한림원은 한국의 전자산업 발전사를 1960년대 탄생기, 1970년대 양적 성장기, 1980년대 질적 성장기, 1990년대 선도 기반 구축기, 외환위기 이후를 선도기로 구분하였으며, 제품마다 다소 차이가 있지만 각 시기의 기술을 도입기, 체화기, 전환기, 도약기, 성숙기로 구분하였다(한림공학한림원 2019).

후발국인 한국이 선진국의 설계 및 제조 기술을 습득하여 양산에 이른 것은 전자산업에 국한되지는 않지만, 전자산업에서 그 과정이 매우 빠르게 진행되었다. 후발국이 선진국의 기술을 도입하여 정착시켜 가는 것은 기업의 능력에 국한할 수 없는 사회적 능력, 즉 그 사회가 갖고 있는 공업화의 능력이라고 할 수 있다. 즉, 한국의 전자산업이 추격 단계를 넘어 추월과 선도 단계로 성장할 수 있었던 것은 다음과 같은 점에서 정부, 기업, 기술의 차원에서 나타난 사회적 능력의 결과이다.

먼저, 후발국의 경제성장 과정에서 정부의 역할이 중요하다. 생산요소를 중심으로 분석하는 주류 경제학에는 정부가 들어갈 틈이 없지만 한국과 같은 개도국의 경우에 자본이 부족하고 기술이 결여되었을 뿐 아니라 민간의 능력도 성숙하지 않았기 때문에 정부의 역할이 중요하였다. 정부는 산업의 성장 초기에 산업의 방향을 제시할 수 있고 성장 단계에 적합한 다양한 정책을 통해 산업을 지원하며, 그러한 산업의 경쟁력을 강화하고 기술 진보를 촉진시키는 등의 정책을 통해 산업조직에도 영향을 미친다. 그동안 일본을 위시하여 후발국인 한국과 대만의 공업화 과정에서 정부가 한 역할에 대해서는 많은 논의가 있었다.

다음으로, 추격의 실행 주체인 기업의 능력이 중

요하다. 1980~1990년대 세계 시장이 성장하는 가운데 특히 전자산업의 비중이 증대하였다. 기업은 시장 상황에 적극적으로 대응하여 기술과 자금을 조달하고, 기회를 포착하면 과감한 투자를 해야 성공할 수 있다. 한국은 창업자 가족이 소유와 경영을 지배하는 재벌 기업의 특징을 갖고 있으며, 이러한 기업의 소유 구조는 과감한 투자와 일정한 관련이 있다. 또한 기업의 능력은 경쟁을 통해 확대된다. 경쟁은 소모적인 것이 아니며, 특히 글로벌 경쟁에서 성공적인 기업들은 국내에서 치열하게 경쟁하면서 서로 발전하고 혁신하도록 압력을 준다. 경쟁을 통해 전반적으로 혁신의 속도가 높아지고 지식과 기술이 축적되며, 기업은 경쟁사보다 비용을 줄이거나 제품을 차별화함으로써 경쟁 우위를 달성하고자 한다(Porter 1990).

마지막으로, 추격의 지표는 궁극적으로 개인과 조직의 기술 능력이라고 할 수 있다. 기술 능력은 기존 기술을 흡수하고 사용하며 더 나아가 그것을 변형하거나 발전시켜 최종적으로 새로운 기술 지식을 만들어 내는 능력이다. 산업 초기에는 국내에 축적된 기술이 없기 때문에 조립 생산 기술이 중심일 수밖에 없다. 그러나 그런 기술은 중간재 수입에 의존하므로 국내 파급 효과가 크지 않다. 결국 기술 모방의 단계를 벗어나 기술을 자체 개발하는 단계로 전환하여야 하는데, 이때 어떤 분야의 기술을 선택하며 어떤 방식으로 선진국의 기술을 추격하는지는 그 성과에 중요한 영향을 준다.

한국의 전자산업은 1990년대 말까지 선진 기술을 추격하는 단계에 머물러 있었으나(Shui, Wong, and Hu 2014) 외환위기 이후 2000년대부터 중요 품목, 특히 반도체와 이동통신 등의 부문에서 높은 수준의 경쟁력을 보이며 기술을 선도하게 되었다. 이는 1980~1990년대에 추격 과정을 통해 기술을 선도할 수 있는 기반을 구축하였기 때문이라고 할 수 있다. 이에 이 책은 추격이 가능하였던 요인을 정부, 기업, 기술의 세 차원에서 설명하고자 한다. 명심할 것은 정부 정책의 지향, 시장에서 기업 간의 경쟁, 기술 혁신의 과정이 상호 연관되어 있어 어느 것이 산업의 성장에 더 중요하였다고 하기 어렵고 또한 각각 경로 의존성을 갖는다는 점이다.

이하 제1장에서는 전자산업이 한국경제의 생산과 수출 등에서 차지하는 비중과 그런 양적 지표의 추이에서 나타나는 위상의 변화와 산업구조와 산업조직의 특징을 설명한다. 제2장에서는 민간 주체가 아직 성숙하지 못한 상태에서 산업의 성장을 선도한 정부의 산업 정책에 대해 설명한다. 산업 정책에 대해 다양한 평가가 내려지고 있지만 그것이 산업의 발전에 미친 영향이 컸음은 분명하다. 제3장에서는 시장의 확대와 기업 간 경쟁이 산업의 성장에 기여한 바를 설명한다. 지금까지 한국의 전자산업을 거의 양분하면서 세계 전자산업을 선도하고 있는 삼성과 LG 두 재벌 기업은 상호 경쟁을 통해 성장하였다고 할 수 있다. 제4장에서는 기술 혁신에 관한 연구•에 기초하여 한국이 전자산업에서 비교우위를 보이고 있는 부문에서의 기술 혁신 과정을 설명한다. 마지막으로 전자산업에서 한국과 마찬가지로 후발국이면서 나란히 두각을 보이는 국가인 대만과 비교를 염두에 두면서 이상의 논의를 정리, 요약한다.

기술 혁신에 관한 연구: 많은 연구는 기술 혁신의 다양한 요인의 상호 관련성에 대한 설명보다 유형적 특징을 설명하는 데 집중하였다. Kim(1997)은 단순 모방, 창의적 모방, 혁신의 3유형을, Lee and Lim(2001)은 경로 추종형, 단계 생략형, 경로 창출형의 3유형을 제시하였다. Henderson and Clark(1990)는 아키텍처와 요소 지식을 기준으로 혁신의 4유형(점진적 혁신, 모듈러 혁신, 아키텍처 혁신, 급진적 혁신)을 제시하였다.

1

한국 전자산업의 성장

성장 추이와 수급구조

생산 부문별 추이

산업조직의 특징

성장 추이와 수급구조

표 1에서 보듯이, 전자산업은 비약적으로 성장하여 한국경제에서 가장 큰 비중을 차지하는 산업이 되었다. 전자산업의 부가가치 생산은 1970년의 180억 원에서 1985년에 2조 5,890억 원, 1998년에 27조 720억 원으로 성장하였다. 이는 같은 기간 동안의 경제성장률을 훨씬 능가하는 성과였다. 그 결과, 부가가치 면에서 전자산업은 1970년에 제조업의 3.2%에 불과하였지만, 1980년에 6.0%, 1990년에 14.3%, 1998년에 23.1%를 차지하면서 가장 큰 비중을 차지하는 산업이 되었다. 같은 기간 동안 제조업 총고용에서 차지하는 비중은 2.3%에서 5.6%, 15.2%, 17.0%로 증가하였으며, 고용자 1인당 부가가치(부가가치/고용자 수)도 지속적으로 증가하였다. 수출은 1970년에 5,500만 달러에 불과하였으나 1995년에는 435억 9,200억 달러로 증가하였으며, 총수출에서 전자제품이 차지하는 비중도 1970년에 6.6%였으나 1995년에는 34.9%로 크게 증가하였다. 이처럼 전자산업의 성장은 수출 주도형 한국경제의 양적 성장과 질적 향상에 크게 기여하였으며, 그 결과 전 세계 전자제품 시장에서 차지하는 한국의

|표 1| 전자산업의 국민경제적 비중

		1970	1975	1980	1985	1990	1995	1998
수출 (백만 달러)	총수출액	835	5,081	17,505	30,283	65,016	125,058	132,313
	전자산업	55	582	1,964	4,590	17,224	43,592	38,669
	%	6.6	11.5	11.2	15.2	26.5	34.9	29.2
부가가치 (10억 원)	제조업	559	2,624	11,241	28,170	52,351	77,134	117,014
	전자산업	18	149	674	2,589	7,465	13,720	27,072
	%	3.2	5.7	6.0	9.2	14.3	17.8	23.1
고용 (천 명)	총고용	1,268	2,175	2,955	2,397	3,138	2,954	2,317
	전자산업	29	107	165	300	477	538	394
	%	2.3	4.9	5.6	12.5	15.2	18.2	17.0
전자산업 생산 (억 달러)	세계	594	1,032	2,615	3,851	6,691	8,896	10,782
	한국	1	9	29	73	289	637	465
	%	0.2	0.9	1.1	1.9	4.3	7.2	4.3

자료: 한국전자산업진흥회(1999: 661, 664).

비중도 1970년 0.2%에서 1995년 7.2%로 비약적으로 증가하였다.

전자산업의 수급 측면 추이를 보면(표 2), 생산은 명목액 기준으로, 1980년대에 연평균 26%, 1990년대에 연평균 13%로 성장하여, 1980~2000년 동안에 34배로 증가하였다. 이는 초기 단계인 1970년대의 높은 성장률보다 둔화된 것이기는 하지만, 제조업 내 다른 산업과 비교하면 매우 높은 성장률이었다. 1980~1990년대에 전자산업의 성장은 제조업 평균을 크게 상회하였으며, 그러한 성장은 자본스톡의 증가와 함께 기술

|표 2| **전자산업의 수급 추이**

(단위: 100만 달러)

	생산	수출	수입	시판	내수
1965	11	2	5	9	14
1970	106	55	59	59	118
1975	860	582	445	218	663
1980(A)	2,852	1,964	1,266	1,242	2,508
1985	7,285	4,590	2,941	2,858	5,799
1990	28,918	17,224	9,849	11,551	21,400
1995	63,704	43,592	25,072	18,232	43,304
2000(B)	97,501	66,787	43,961	22,543	66,504
B/A	34	34	35	18	27

주: 내수는 국내 시판+수입.
자료: 한국전자산업진흥회(1999: 669); 2000년은 전자산업연구소(2001).

혁신으로 해석되는 총요소생산성(TFP)의 증가에 기인한 것이었다. 즉, 1980~1990년대에 전자산업은 기술혁신이 새로운 제품 및 시장을 창출하며 시장이 다시 기술 혁신을 견인하는 기술과 시장의 공진화 과정 속에 있었다.

생산은 수출과 국내 시판으로 구분되는데, 전자산업은 대표적인 수출산업이기에 수출 역시 생산과 비슷한 성장률을 보여 1980~1990년대에 34배로 증가하였다. 전자산업이 다른 어떤 산업보다 빠르게 성장하고 최대의 수출산업이 될 수 있었던 것은 전 세계 전자제품 시장의 구조와 부합하는 생산구조로 변화하였기 때문이었다. 수출뿐 아니라 내수도 같은 기간에 27배로 증가하였는데, 이는 소득이 증가하면서 가전제품에 대한 수요가 증가한 때문이었다. 그러나 생산에서 국내 시판이 차지하는 비율은 1980~2000년에 44%에서 23%로 감소하였다. 이는 국내 시판보다 수출이 생산 증가의 중요한 요인이었음을 말해 준다. 그런데 수출과 함께 수입 역시 같은 기간에 35배로 증가하였다. 이는 해외로 생산기지가 확대되면서 나타난 현상이기도 하지만, 한국의 전자산업이 중간재의 많은 부분을 수입에 의존하고 있었기 때문이다.

생산 부문별 추이

전자산업은 크게 가정용 기기, 산업용 기기, 전자부품으로 구분된다. 가정용은 TV, 냉장고 등의 가전제품이고, 산업용은 컴퓨터 및 주변기기와 같은 정보기기와 유무선 통신기기와 응용 기기이고, 전자부품은 반도체와 디스플레이와 일반 전자부품 등을 포함한다. 1980~1990년대에 한국의 전자산업은 세계 시장의 구조에 부합하는 생산구조로 변하고 있었다. 세계 시장에서 가정용 기기의 비중은 크지 않고 대부분을

|그림 1| 전자산업 부문별 생산 및 수출 비중의 추이

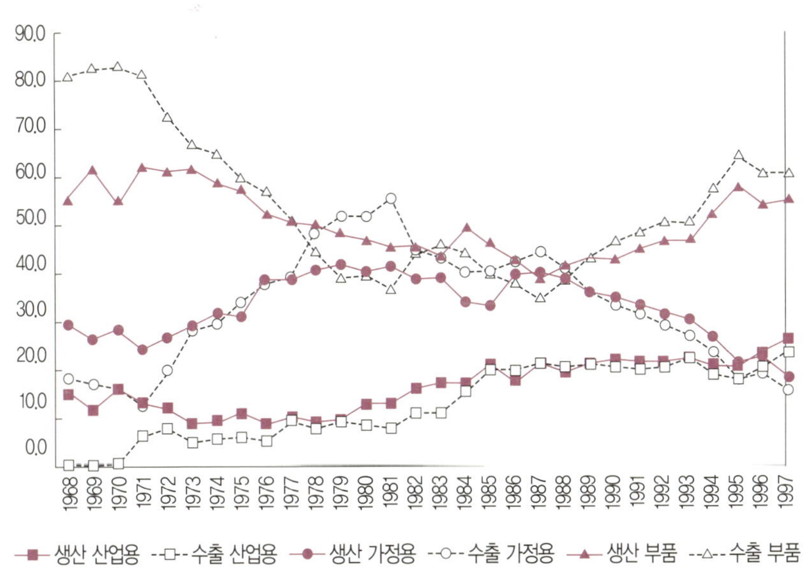

자료: 한국전자산업진흥회(1999).

차지하는 것은 산업용 기기와 전자부품이었다. UN의 무역통계에 의하면, 1980~1990년대 세계 시장에서 가정용 기기의 비중은 7%에서 5%로 감소하고 산업용 기기는 55%에서 50%로 약간 감소하고, 부품은 38%에서 45%로 증가하였다(http://comtradeplus.un.org).

전자산업의 부문별 성장 추이와 구성비를 보면(그림 1), 1970년대에 가정용 기기의 생산이 크게 증가하면서 1981년에 전자산업 생산에서 가정용 기기가

42%, 부품이 45%, 산업용 기기가 13%를 차지하고 있었다. 그러나 이후 전자부품의 비중이 급증하고 산업용 기기의 비중이 증가한 반면 가정용 기기의 비중이 급감하여, 1998년에 가정용 기기, 부품, 산업용 기기가 각각 15%, 58%, 27%를 차지하였으며, 수출에서도 비슷한 변화 추이를 보였다. 전자산업은 20~30년 동안 부문별 구성이 변하였을 뿐 아니라 기술적으로 크게 발전하여 부문별 제품의 성격이 완전히 변하였다. 1990년대 후반에 이르러 부품에서는 반도체, 산업용 기기에서는 이동통신기기, 가정용 기기에서는 디지털 TV가 큰 비중을 차지하였다. 이하에서 좀 더 자세히 생산구조의 추이를 살펴보기로 하자.

먼저, 전자부품, 그중에서 가장 큰 비중을 차지하는 반도체는 1960년대 중엽부터 주로 외국인 기업이 수입 재료와 소재를 단순가공이나 조립 생산하는 것으로 시작되었으며, 1970년대 후반에 국내 기업이 참여하고 1980년대에 들어 정부의 정책적 육성과 기업의 집중투자를 통해 성장하였다. 전자산업 내 부품의 비중은 초기에는 압도적이었으나 이후 빠르게 감소하다가 메모리 반도체의 생산과 수출이 증가하는 1980년대 중엽부터 반등하여 60%에 육박할 정도로 급증하였다. 1990년대 말에 다시 하락을 보이는 것은 반도체 가격의 폭락 때문이었다. 한국은 세계 반도체산업의 분업화·전문화 추세 속에서 과점 체제를 이루고 있던 메모리 반도체 부문에 진출하여 1990년대 말에 세계 시장에서 가장 큰 비중을 차지하게 되었다. 또한 반도체와 기술적·산업적 연관성이 높은 액정 디스플레이(LCD) 부문이 1990년대부터 성장하면서 반도체와 함께 부품산업을 선도하였다.

다음으로, 산업용 기기는 일정한 생산 비중을 유지하다가 1990년대 말에 급증하였다. PC 중심의 컴퓨터 및 주변기기의 생산과 수출이 증가하였다. 컴퓨터는 모듈화 및 생산 기술의 표준화로 선진국이 고부가가치 영역(중앙처리장치, 소프트웨어)을 차지하고 후발국이 저부가가치 부품 생산과 글로벌 아웃소싱에 의한 조립 생산을 하는 구조로 재편되었으며, 그런 가운데 한국의 경쟁력은 약화되어 컴퓨터산업의 생산 및 수출에서는 본체보다 주변기기가 대부분을 차지하게 되었다. 1990년대 말에 산업용 기기의 비중이 다시 증가하기 시작하는 것은 이동통신기기 때문이었다. 이동통신기기 부문에서 대기업이 1995년에 이동통신 원천기술의 상용화에 성공하여 국제 기술 표준을 선점함으로써 자체 브랜드 상품으로 국내 시장을 지배하고 있는 가운데, 기술력을 어느 정도 보유한 중견기업도 다국적 기업의 OEM/ODM 생산을 하고 있었다.

마지막으로, 가정용 기기 부문은 정부의 적극적인 전자산업 육성 정책에 의해 1970년대에 비약적인 성장을 보였으나 1990년대에 비중이 크게 하락하였다. 이는 선진국들의 수입규제 강화와 다른 후발 개도국의 추격, 국내 임금 상승 등으로 경쟁력이 점차 약화되면서 생산기지가 해외로 이전하고 국내 수요도 1990년대에 이르면 이미 포화 상태에 도달한 것에 기인한다. 가정용 기기 부문은 이미 기술이 성숙 단계에 진입해 있고 제품 및 기술이 표준화된 상태이나 디지털 기술을 응용한 새로운 통합 기능의 제품개발 경쟁이 진행되었다. 가정용 기기에서 큰 비중을 차지하는 TV 부문에서는 송수신이 고선명도의 디지털 기술로 변하면서 한국 업체들이 디지털 TV 세계 시장을 주도하였다. 또한 디지털화, 네트워크화, 지능화된 새로운 개념의 가전제품이 개발되고, 부가가치가 낮은 조립 생산은 중국 등으로 이전되고 있었다.

이러한 생산구조의 추이는 대만과 큰 차이가 있다. 대만은 한국보다 전자산업이 생산, 수출, 고용에서 차지하는 비중이 더 컸다. 한국과 대만의 전자산업은 1980년대 초만 해도 생산구조가 비슷하였다. 즉, 가정용 기기가 가장 큰 비중을 차지하고, 그 다음이 부품, 그리고 산업용 기기가 가장 비중이 작았다. 이후 가정용 기기의 비중이 급감하는 것은 양국이 동일하지만, 한국은 반도체가 포함된 부품의 비중이 증가한 반면, 대만은 컴퓨터가 포함된 산업용 기기의 비중이 급증하였다. 따라서 한국보다 대만이 선진국형 생산구조에 가까웠다. 1997년에 전 세계 전자산업의 부문별 구성비는 컴퓨터 등의 산업용 기기가 63%, 가정용 기기가 9%, 부품이 28%였다. 산업용 기기의 비중은 미국, 독일, 영국이 70% 이상이고 일본이 56%인 반면, 가정용 기기의 비중은 모두 10% 이하로 한국보다 작았다. 그런데 대만이 한국과 같은 후발국이면서도 산업용 기기의 비중이 컸던 것은 OEM 생산 때문이었다(산업자원부 1998: 520).

산업조직의 특징

전자산업은 산업 집중도가 매우 높았다. 이미 산업 초기부터 대기업이 압도적 비중을 차지하였을 뿐

|그림 2| 전자산업의 구조 변화 추이

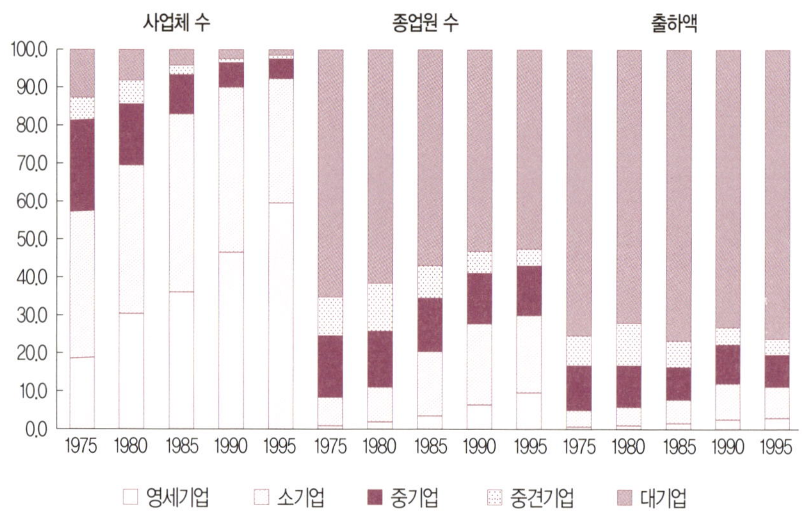

자료: 경제기획원 조사통계국 · 통계청, 『광공업통계조사보고서』, 각 연도.

아니라, 시간이 흐름에 따라 대기업으로의 집중은 더욱 심해지고 중견기업의 성장이 없어 양극화가 심화된 것을 확인할 수 있다. 『광공업통계조사보고서』에 의하면(그림 2), 전자산업의 사업체 수와 종업원 수에서 영세기업의 비중은 지속적으로 증가하고, 소기업의 비중은 증가하다가 1990년대 전반기에 감소하며, 중기업과 중견기업의 비중은 지속적으로 감소하였다. 대기업은 사업체 수와 종업원 수의 비중이 감소하였지만 사업체당 종업원 수는 지속적으로 증가하는 집중

현상을 보였다. 출하액에서 대기업의 비중은 전 기간에 걸쳐 70~80% 정도를 유지하였으며 영세 및 소기업의 비중은 증가한 반면 중기업과 중견기업의 비중은 감소하였다. 요컨대, 전자산업의 양극화는 심화되었으며, 소기업에서 중기업 및 중견기업으로 성장하거나 대기업으로 성장하는 일은 거의 없었다고 할 수 있다. 특히 대기업이 시장을 지배하고 있는 반도체, 디스플레이, 통신기기, 컴퓨터 부문에서 대기업의 노동생산성과 수출액 비중은 압도적으로 높았다.

한국은 대만과 비교하면 산업조직이 상당히 달랐다. 대만에서는 중소기업이 차지하는 비중이 한국에 비해 상대적으로 컸을 뿐 아니라 그 비중이 증가하였다. 반면, 대기업의 비중은 한국에 비해 작고 그 비중이 감소하였다(朴基炷 2022). 즉, 한국에서는 산업의 양극화가 심화되었지만 대만에서는 그렇지 않았다. 대만은 중소기업이 압도적으로 우세하며 한국의 재벌보다 규모는 훨씬 작지만 가족을 중심으로 구성된 기업집단을 기반으로 하고 있었다. 대만의 중소기업은 일반적으로 가치사슬(value chain)의 틈새 시장에 진출하여 다른 기업에 중간 제품 및 서비스를 공급하는 것으로 상호 연결되며 최종적으로 수출로 통합되었다

(Eriksson 2005).

양국의 이러한 차이는 역사적인 것이기도 하다. 한국의 전자산업은 출발부터 대기업 중심의 구조였고 중소기업이 성장할 수 있는 생태계가 아니었다. 정부가 고도성장기에 대기업을 경제개발의 파트너로 하였음은 주지하는 사실이다. 1970년대에 중화학공업 육성 정책에서도 민간 대기업이 투자 주체였고 정부는 사회간접자본의 건설을 담당하였다. 반면, 대만에서는 중화학공업에 대한 투자 주체는 국영기업이었고, 그것을 제외한 나머지 대부분의 사업을 민간 중소기업이 차지하였다. 대만의 중소기업은 전자, 기계 등의 노동 및 기술 집약적 산업을 중심으로 OEM이나 하청 계약으로 외국인 기업이나 선진국에 중간재와 최종재를 공급하였다.

산업조직에서의 이러한 차이는 양국의 전자산업 발전 방향에 영향을 미쳤다. 한국은 대기업 중심의 구조였기 때문에 선진국을 추격하는 과정에서 대기업 위주의 정책을 추진하였던 반면, 대만은 중소기업의 비중이 크고 경제구조 자체가 중소기업을 기반으로 하고 있기 때문에 중소기업 정책이라고 할 수 있는 정책을 추진하였다(이경태·김준현·박중구 1985). 한국에서는 설비의 최소 효율 규모가 큰 메모리 반도체나 LCD 분야가 발전할 수 있었으며, 그것은 대기업이 과감한 거대투자를 하였기 때문에 가능하였다. 예컨대, 삼성이 반도체 사업에 진출한 지 얼마 되지 않은 1985년에 반도체의 공급과잉으로 D램 반도체 가격이 폭락하고 그것이 1986년까지 계속되었지만, 그 시기에 삼성은 오히려 설비투자를 늘렸다. 반면, 대만에서는 비록 제조업 중에 전자산업의 노동생산성이 가장 크게 개선되고 영세·중소기업의 생산성 증가가 대기업을 상회하였지만(梶原弘和 1994: 263) 중소기업으로는 대규모 설비투자가 필요한 사업에 진출하기 어려웠다.

한편, 정부는 산업 초창기에 자본이 부족하였기 때문에 외자 유치에 노력하였다. 1960년에 「외자도입촉진법」을 제정하여 차관 중심의 외자 도입을 하였으나, 원리금 부담이 없는 외국인 직접투자를 적극 장려하고 외자를 효과적으로 규제하기 위해 1966년에 「외자도입법」을 제정하였다. 동법은 외국인 직접투자의 확대를 위해 규제(외국인 투자 최소 비율 및 과실송금 제한 규정 등)를 완화하였지만, 외국인 지분이 50%를 넘지 않는 내·외국인 합작을 권고하고 100% 단독투자는 예외적으로 허용하고 외국인 기업에게 수출을 의

무화하였다. 또한 국산 자본재의 사용을 강제하고 국내 기업과 경쟁이 예상되는 분야에는 투자를 허용하지 않았다. 다만 전자산업은 적극적인 투자유치 업종이고 고도기술산업, 공업단지 입주 사업, 수출 증대 기여 사업으로 분류되어, 비교적 투자 분야나 투자 비율에 제약이 없었다(김석희·배종기·윤동진 1989).

한국에는 양질의 저렴한 노동력이 풍부하였고 정부의 산업 육성 의지 또한 강하였기 때문에 미·일 자본이 전자산업에 활발하게 진출하였다. 단독 또는 합작 형태의 외국인 기업은 1970년대 전자산업의 생산과 수출의 약 60~70%, 1980년대에는 30~40%를 차지하였다. 즉, 정부는 국내 시장이 작고 기술 수준이 낙후한 전자산업을 수출산업으로 육성하기 위해 기술 및 자본력이 우월하고 해외 시장 판로를 갖고 있는 외자를 적극 유치하고 활용하였다. 다수의 미국 반도체 기업과 일본 중소 부품 기업들이 한국으로 노동 집약적 단순조립 가공 공정을 이전하였으며, 이로써 한국의 전자산업은 국제적 수직분업구조의 하부를 담당하게 되었다.

그러나 한국은 외국인 직접투자를 우대하였지만, 대만과 비교하여 외국인 직접투자에 대한 의존도가 낮았다는 점에서 뚜렷한 차이가 있었다. 1992년 기준으로 전자산업에 대한 외국인 직접투자 인가액이 한국은 12.1억 달러인 반면 대만은 40.3억 달러이며, 건당 투자액이 한국은 250만 달러로 대만의 450만 달러에 비해 현저히 적었다. 또한 외국인 기업의 생산 점유율이 대만에서는 71.8%임에 반해 한국에서는 22.0%에 불과하고, 외국 자본(외국인 지분으로 계산)의 생산 점유율은 대만에서는 25.1%이고 한국에서는 7.6%에 불과하였다. 1992년에 매출액 상위 30개사를 자본 국적별로 보면, 한국에서는 매출의 대부분을 차지하는 1~10위 기업이 모두 국내 기업이며 상위 30개사 매출에서 외국인 기업의 비중은 8%에 불과한 반면, 대만에서는 외국인 기업의 매출 비중이 상위 1~10위에서 42%이고 상위 30개사에서는 40%였다(김종걸 1999: 290~293).

한국 정부는 산업 초기에 자본이 부족하여 외국인 직접투자에 크게 의존할 수밖에 없었으나 외국인 기업이 장기적 관점에서 산업 발전에 위해가 된다고 판단하여 규제하였으며, 그 결과 대기업은 모두 국내 기업이 차지하였다. 반면 외국인 기업에 대한 규제를 완화한 대만에서는 대만 중소기업이 외국인 대기업과 하청관계를 맺고 있는 산업구조였다(谷浦妙子 1994). 즉, 한국의 전자산업은 초기에 수출과 성장을 위해 외국인 직접투자에 의존하였지만 자국민주의에 입각하여 점차 재벌 대기업이 산업의 주도권을 갖는 방식으로 성장하였다. 이러한 대기업 위주의 자국민주의는 중소기업이 다수인 대만과 다른 경로의 추격을 가져온 요인이었다고 할 수 있다.

요컨대, 한국의 전자산업은 1970년대에 주로 부품과 가정용 기기를 생산하고 생산 및 수출에서 외국인 기업이 비교적 큰 비중을 차지하였다. 1980년대에는 국내 대기업이 가정용 기기를 중심으로 최소한의 안정적인 생산관리 체계를 구축하고 그것을 발판으로 하여 반도체와 컴퓨터 사업에 진출하였다. 1990년대에는 가정용 기기의 산업적 비중은 감소하고 정보통신 및 IT와 연계된 부문, 즉 D램을 중심으로 하는 메모리 반도체와 TFT-LCD 등과 디지털 TV, 이동통신기기 부문이 산업을 주도하였다. 이들 제품은 기술 집약적이면서도 자본 집약적이라는 특성을 공유하고 있으며, 따라서 기술적으로 우위에 있고 위험 부담이 큰 대규모 투자를 감행할 수 있는 대기업이 기술 추격과 기술 혁신을 주도하면서 산업 내 양극화는 확대되었다.

2

전자산업 육성 정책

1970년대 전자공업진흥기본계획

정부는 제1차 경제개발5개년 보완계획에서 수출우선주의를 내세운 이래로, 제2차 경제개발5개년계획(1967~1971)에서 수출지향적 공업화 정책을 더욱 명확히 하였다. 그것을 실현할 수 있는 가장 대표적인 산업이 전자산업이었다. 이에 대통령은 1967년 연두 교서에서 전자산업을 육성하겠다는 방침을 밝혔는데, 거기에는 세 가지 계기가 있었다. 첫째, 1966년에 상공부 전기공업과장(이만희)이 전자산업을 수출산업으로 육성하는 '전자공업중점육성방안'을 작성하고 12월에 상공부가 그것을 발표하였다. 둘째, 1966년 중엽에 김기형 박사(1967~1971년 초대 과학기술처 장관)가 대통령에게 전자공업 육성을 건의하였다. 셋째, 1966년에 재일교포 곽태석(후일 한국도시바와 한국TV를 설립)의 소개로 대통령을 만난 도시바(東芝)의 도고 토시오(土光敏夫) 회장이 전자제품 및 부품 생산을 권유하였다.

대통령이 연두 교서에서 전자산업을 개발할 것임을 천명한 후에 상공부는 제9차 수출진흥확대회의(1967. 9. 25)에서 전자공업진흥계획을 보고하고 「전자공업진흥법」 제정과 육성자금 조성 및 전자공업개발

센터 설립을 모색하였다. 그에 앞서 9월 초에 상공부와 대한전기협회가 초청한 콜롬비아 대학의 김완희 박사는 대통령에게 전자산업 육성을 건의하였으며, 이후 정부의 용역을 받아 1968년 6월에 『전자공업진흥을 위한 조사보고서』를 제출하였다.

상공부는 전자산업 기반 구축의 일환으로, 정책을 지지해 줄 민간단체로 1967년 1월에 한국전자공업협동조합을 창립하였으며, 조합은 일본의 전자공업진흥임시조치법을 거의 그대로 번역한 전자공업진흥임시조치법 시안을 정부에 제출하였다. 그러나 그것이 한국의 현실에 맞지 않았기 때문에 상공부는 김완희 박사의 보고서와 업계의 의견을 반영한 전자공업진흥법안을 만들어 1968년 12월에 국회에 제출하였다. 정부안에는 필요시에 정부가 기관이나 단체에 연구개발, 기술 훈련, 해외 시장 개척 등을 명령할 수 있다는 등, 일본의 임시조치법에 없거나 다른 내용이 포함되었다.

「전자공업진흥법」은 상공부 장관이 육성 품목을 지정하여 공고하도록 하였으며, 이 시기에 제정된 다른 공업육성법이 국산화 또는 국내 수급의 원활화를 지향한 것과 달리, 수출 촉진을 지향하였다. 「전자공

|표 3| 제1차 전자공업진흥기본계획(1969~1976)의 연도별 수출계획

(단위: 10만 달러)

		1969(%)	1970	1971	1972	1973	1974	1975	1976(%)
전자기기	내국인	72(90.0)	134	201	341	500	700	820	1,300(81.3)
	합작	5(6.3)	10	15	20	30	50	100	200(12.5)
	외국인	3(3.8)	6	10	20	30	50	80	100(6.3)
	계	80(100.0)	150	226	381	560	800	1,000	1,600(100.0)
전자부품	내국인	20(5.9)	45	174	319	440	500	600	700(29.2)
	합작	10(2.9)	20	50	100	200	300	400	500(20.8)
	외국인	310(91.2)	420	550	700	800	900	1,000	1,200(50.0)
	계	340(100.0)	485	774	1,119	1,440	1,700	2,000	2,400(100.0)
합계	내국인	92(21.9)	179	375	660	940	1,200	1,420	2,000(50.0)
	합작	15(3.6)	30	65	120	230	350	500	700(17.5)
	외국인	313(74.5)	426	560	720	830	950	1,080	1,300(32.5)
	계	420(100.0)	635	1,000	1,500	2,000	2,500	3,000	4,000(100.0)

자료: 한국전자산업진흥회(1999: 80).

업진흥법」에 따라 상공부 장관은 '전자공업진흥기본계획'을 작성하고 매년 시행계획을 공고해야 하였다. 이에 따라 1969년 6월에 공고된 제1차 전자공업진흥기본계획(1969~1976)은 산업용 기기, 가정용 기기, 부품의 국산화율을 80~95% 이상으로 향상시키고, 1971년까지 1억 달러, 1976년까지 4억 달러 수출을 달성하며, 수출에서 국내 기업의 비중과 기기의 비중을 높인다는 것이었다(표 3). 전자기기는 대부분을 국내 기업이 수출하며, 부품은 대부분을 외국인 기업이 수출하고 있지만 목표연도에는 국내 및 합작 기업이 수출의 50%

|표 4| 전자공업육성 장기계획(1973~1980)

(단위: %, 백만 달러)

	생산액	생산 구성		판매 구성		수출 구성		수출액	기업 국적별 수출구조		
		기기	부품	내수	수출	기기	부품		내국인	합작	외국인
1972	180	39	61	21	79	27	73	142	27	18	55
1976	1,436	52	48	41	59	51	49	850	35	45	20
1980	4,661	62	38	47	53	75	25	2,500	40	50	10

주: 송갑용·전수일(1974: 220~221).

를 차지하도록 계획되어 있었다.

제1차 기본계획 기간중인 1973년 1월에 대통령은 연두 기자회견에서 1980년대 초 수출 100억 달러, 국민소득 1,000달러 목표를 달성한다는 내용의 중화학공업화를 선언하였다. 선언 직후 청와대 경제비서실이 보고한 중화학공업 육성의 청사진인 '공업구조개편론'은 전자산업을 수출전략산업으로 보고 1980년 수출 목표를 25억 달러로 잡았다. 이에 따라 3월에 상공부는 1980년을 목표연도로 '전자공업육성 장기계획'(1973~1980)을 작성하였다(표 4). 이 장기계획은 외자를 유치하되 1980년까지 내국인 지분율이 50% 이상 되도록 하고 과잉경쟁 품목에 대해서는 외국인 투자를 제한하고 외국인 기업에 100%의 수출을 강제함으로써 국내 기업에게 국내 시장을 보장하였다. 또한 생산, 판매, 수출 모두에서 기기의 비중이 커지고 부품의 비중은 작아지도록 계획하였다. 그러나 6월에 1981년을 목표연도로 하는 중화학공업육성계획이 확정되면서 1974년 1월에 제2차 전자공업진흥기본계획(1974~1981)이 수립되고 제1차 기본계획은 폐지되었다. 제2차 기본계획은 목표연도를 1981년으로 변경한 것 외에는 '전자공업육성 장기계획'의 수치와 거의 차이가 없으며, 수출 증대를 위해 외국인 직접투자를 유치하면서도 단독투자보다 합작을 선호하고 국내 기업의 비중을 높여 가는 것을 기본방향으로 하였다.

그런데 제1차 석유파동으로 1973년 말부터 국제유가가 급등하면서 세계경제가 침체 국면을 직면하였고, 부품을 위주로 하는 전자산업의 수출은 1975년에 증가율이 대폭 둔화되었다. 이런 상황을 배경으로 1976년 3월에 상공부는 중점 육성 품목을 56개로 수정한 제3차 전자공업진흥기본계획(1976~1981)을 발표하였다. 그러나 얼마 지나지 않아 제4차 경제개발5개년계획(1977~1981) 초안이 발표되고 부문계획으로 '전자공업육성계획'이 작성되었으며 이것이 제3차 기본계획을 대체한 것으로 보인다. '전자공업육성계획'의 특징은, 첫째 57개 지정 육성 품목 중에서 투자 규모가 크고 파급 효과가 큰 반도체와 컴퓨터 관련 9개 품목을

|표 5| 전자산업 지정 육성 품목의 변화

	제1차 기본계획 (1969)		장기계획 (1973)	제2차 기본계획 (1974)		제3차 기본계획 (1976)		육성계획 (1976)	
	A	B	A	A	B	C	D	E	F
가정용 기기	6	8	13	16	16	2	5	7	-
산업용 기기	12	16	24	22	25	1	8	2	7
전자부품	21	29	40	40	45	28	12	39	2
전자재료	12	12	18	15	16				
합계	51	65	95	93	102	31	25	48	9

주: A는 제조 기술개발 촉구 품목, B는 전문화·계열화·양산화 및 성능품질 개선·생산비 저하 촉구 품목, C는 전략개발 품목, D는 중점개발 품목, E는 민간개발 품목, F는 정부 주도 개발 품목.
자료: 박기주(2020: 51).

정부 주도로 개발하며, 둘째 1981년 총수출 목표가 크게 증액(100억→142억 달러)되었음에도 전자제품의 수출 목표를 25억 달러에서 17억 달러(이후 경제개발5개년계획 최종안에서 19.4억 달러로 수정)로 하향 조정한 점이다.

「전자공업진흥법」은 육성 품목을 지정하여 공고하도록 하였기 때문에 제1차 기본계획에서 전자공업 육성계획까지 모든 계획은 생산 부문별로 육성 품목을 지정하였다(표 5). 제3차 기본계획은 전략개발 품목 31개와 중점개발 품목 25개를 지정하였으며 전자공업 육성계획은 민간개발 품목 48개와 정부 주도 개발 품목 9개를 지정하였다. 육성계획은 지정 품목을 민간개발과 정부 주도 개발 품목으로 구분하고 부품·재료에서 1개 품목을 추가한 것 외에는 제3차 기본계획과 차이가 없었다. 주목할 것은 제3차 기본계획 및 육성계획의 지정 품목이 이전과 크게 달라진 점이다. 가정용 기기에서 컬러 TV를 비롯한 몇 개 품목으로 축소되고, 산업용 기기에서 컴퓨터와 주변장치 및 마이크로프로세서 등이 추가되었으며, 부품·재료에서 고밀도집적회로(LSI) 등 반도체 소자, 회로기판, 컬러 TV 부품 등이 지정되었다.

제3차 기본계획과 전자공업육성계획이 반도체와 컴퓨터를 육성 품목에 포함한 것은 전자산업을 단순 조립에서 벗어나 고부가가치 산업으로 발전시키겠다는 정부의 의지를 반영하고 있다. 즉, 정부는 전자산업을 노동 집약적 산업이 아니라 기술 집약적 산업으로 발전시키려고 하였다. 전자공업육성계획에서 수출 목표를 낮춘 것도 당초의 목표가 너무 과다하였던 점도 있지만, 주력 수출품인 가정용 기기의 시장이 한계에 이른 점을 반영하여 수출 비중을 조정하고 컴퓨터 등 산업용 기기의 수출 비중을 높이며 반도체 등 고급 부품의 완성도를 높여 최종 기기까지 수직계열화를 한다는 전략에 따라 부품의 수출 비중을 낮춘 결과였다고 할 수 있다(朴基炷 2022).

대통령은 1977년 1월 연두 기자회견에서 '금년부터 반도체 개발과 57개에 달하는 전략 부품을 국산화하기 위해 구미공단을 위시하여 여러 공장이 금년부터 착공될 예정'이라고 하였으며, 중화학공업추진위원회 기획단은 전자산업을 수출전략산업으로 적극적으로 육성하기로 하였다. 이를 위해 정부는 (1) 기술 집약적 제품과 생산공정 개선과 고품질 제품으로 부가가치율을 제고하고, (2) 기술 집약도가 높은 산업용 기기를 중점적으로 개발하여 산업구조를 고도화하고, (3) 반도체 및 컴퓨터 산업을 집중 육성하기 위해 구미에 전자산업단지를 조성하고,• (4) 소형 컴퓨터의 국산화에 따라 시스템 및 소프트웨어 개발을 지원하고, (5) 수출시장 개척 및 판매 활동을 강화한다는 계획을 세웠다(중화학공업추진위원회기획단 1979: 608~610). 또한 정부는 1976년 말에 한국통신기술연구소(KTRI), 한국전기기기시험연구소(KERTI), 한국전자기술연구소(KIET)를 각각 통신, 전기, 반도체·컴퓨터 전문의 정부출연연구소•로 설립하였다. 그러나 정부는 이처럼 반도체 및 컴퓨터 산업을 전략산업으로 육성하려 하였으나 가정용 기기에 전력을 경주하고 있던 업계는 기술 능력이 부족할 뿐 아니라 막대한 자금을 투입할 능력이

구미공업단지: 제1차 전자공업진흥기본계획의 수출 목표 달성을 위해 전자제품 전용 공업단지로서, 제8차 수출진흥확대회의(1970년 8월)에서 조성이 결정되었다. 1971년부터 착공하여 1990년대 말 현재 총 530만 평의 대규모 단지 내에 150여 개의 전자업체(입주업체의 46%)가 조업하였다.

정부출연연구소: KTRI는 통신수요 급증에 맞추어 선진 통신 기술을 토착화하고 자력으로 기술을 개발하기 위해 한국과학기술연구소(KIST) 부설로 설립되었으며, 1977년 12월에 체신부 산하 기관으로 독립하였다. KERTI는 국산 전력기기 성능 시험과 제반 전력 기술에 관한 연구 지원을 위해 설립되었으며, KIET는 당시 성장기에 진입하고 있는 반도체 및 컴퓨터 산업을 전략산업으로 육성하기 위해 설립되었다. KTRI와 KERTI는 1981년 1월에 통합되어 한국전기통신연구소(KETRI)가 되었으며, 첨단 기술의 핵심인 반도체와 컴퓨터, 전자통신 부문 간의 기술 교류 및 고도화를 달성하기 위해, 1985년 3월에 KETRI와 KIET의 합병으로 한국전자통신연구소(ETRI)가 탄생하였다.

미약하여 진출에 적극적이지 않았다.•

요컨대, 1970년대 한국의 전자산업은 저임금노동력을 사용하여 수입 부품·재료를 조립 생산하고 그것의 대부분을 수출하는 단순조립 단계의 수출산업이었다. 국내 생산요소와 세계 시장이 허용한 것은 국제 하청 생산이며 반도체와 같은 선진적인 전자산업이 아니었다. 국내 기업은 아직 자본과 기술이 취약하였던 반면, 개발의지가 강하였던 정부가 국내 시장 및 기업이 성숙하지 못한 상황에서 산업의 성장을 선도하는 역할을 하였다. 정부는 외자 유치에 의한 수출 증가를 통해 산업을 육성하면서 자국민주의적 정책을 통해 국내 기업의 성장을 가져왔다. 또한 지정 품목 육성 방식을 통해 전자산업을 첨단 분야로 인도하고 그것을 지원하기 위해 정부출연연구소를 신설하였다. 전자산업은 1970년대에 정부 주도의 산업육성 정책을 보여 주는 좋은 사례라고 할 수 있다.

1970년대 말 기업은 반도체산업에 소극적: 전문가의 회고에 의하면, 1977년 가을 정부가 반도체산업 육성을 위해 국내 가전업체 기술개발이사를 소집하였는데, 당시 금성사 개발부장은 반도체산업의 사업성 분석에서 향후 10년간 적자를 면치 못할 것이라는 전망을 내놓았다. 이런 업계의 미온적 반응을 감지하고 정부는 반도체 개발 컨소시엄을 계획하고 KIET를 구미공단에 건립하기로 하였다. 또 다른 전문가도 비슷하게 회고하였다. 즉, 반도체산업은 1970년대 중반까지만 해도 외국인 기업에 의한 노동 집약적 단순조립 단계에 머물러 있었고 국내 기업의 관심이 저조하였다. 이는 당시 성숙기에 접어든 세계 반도체 기술 수준과의 격차가 커서 진입에 많은 위험이 예상되었고 시장 경쟁에 도전할 자신이 없었기 때문이었다. 그래서 정부가 적극적으로 반도체산업 정책을 추진하였다(한국전자산업진흥회 1999: 529, 531).

전자공업 고도화 장기계획과 반도체공업육성계획

1960~1970년대의 전자산업은 부품 조립 위주로 성장하였으나, 임금 상승에 의한 가격경쟁력 하락과

선진국의 보호주의로 수출 지향적 성장을 유지할 수 없었다. 이에 상공부는 전자산업을 고도화하기로 하고 1980년 말에 장기발전계획 수립을 위한 특별작업반을 구성하였으며,• 1981년 1월에 제4차 '전자공업진흥기본계획'(1981~1985)을 작성, 공고하였다(전자공업진흥회 1999: 132).

장기발전계획 수립 작업반: 총 16명으로, 상공부 전기전자국장, 유관부처 과장, 업계 대표, 유관기관 대표로 구성되었다. 민간 대표 6명은 금성반도체, 아남산업, 삼성전자, 삼화콘덴서 임원과 KIET 연구원, 전자공업진흥회 이사였다.

제4차 기본계획은 가정용 기기를 수출 주도형으로 육성하고 산업용 기기와 반도체 및 부품을 내수형 또는 수입 대체형으로 육성하는 것을 목표로 하였다. 특히 반도체를 국내 핵심 산업으로 육성하겠다는 것과 함께, 전자부품을 수입 대체형으로 육성하여 부품의 자급 체제를 달성한다는 목표를 세웠다. 따라서 시책의 기본방향도 국내 수요 개발과 기술 향상에 의한 국제 경쟁력 강화에 두었다. 또한 육성 품목을 상품화 단계별로 연구개발 품목, 공업화 품목, 합리화 품목으로 구분하여 품목별 기본계획을 수립하며, 이들 품목을 개발 또는 생산하는 기업에 대해서 정책자금과 합작투자 및 기술 도입을 지원하기로 하였다. 육성 품목은 디지털 집적회로와 소형 컴퓨터, 유선통신기기, 컬러 TV, VCR 등을 포함하고 있어 질적으로 이전과는 상당히 달라졌다.

제4차 기본계획 및 이후의 장기발전계획의 수립에 민간이 참여하였으며, 이는 종래와 달라진 점이었다. 이런 변화는 새 정부의 정책 기조가 이전과 달라졌기 때문으로 보인다. 1979년 12.12 사태 이후 권력을 장악한 신군부는 경제기획원을 위시한 정부 부처에 시장주의자들을 적극적으로 중용하였다. 전두환은 대통령에 취임하여 총리에 남덕우, 상공부 장관에 서석준, 경제수석비서관에 김재익을 임명하였다. 이들은 모두 경제기획원 출신으로 경제가 민간 주도로 전환되어야 한다는 생각을 갖고 있었다. 상공부 장관 서석준은 국회 상공위원회에서 구조조정과 관련한 답변을 통해 민간 주도 경제로 가는 것이 새 정부의 기본 방침이라고 말하였다.

상공부는 제4차 기본계획 발표 이후 1981년 5월에 '전자공업장기육성계획'과 '반도체공업육성계획'을 작성하여 7월에 대통령에게 보고하였다. 전자공업장기육성계획은 질적 구조의 고도화, 선별적 집중 육성, 성장 환경의 정비, 장기적 안목의 자율 성장으로의 전환이라는 새로운 정책 기조를 천명하고, 이를 위한 시책을 육성 체제 재정비, 구조 고도화, 기술개발 체제 확립, 성장 추진력 보강으로 정하였다. 질적 구조의 고도화는 산업용 기기 부문을 확충하여 1986년에 가정용 42%, 산업용 20%, 부품 38%의 생산구조를 달성하고 반도체, 컴퓨터, 통신기기를 국가 차원의 3대 핵심 전략 부문으로 육성한다는 것이며, 기술개발 체제 확립은 정부와 민간의 공동개발 체제를 구축하고 반도체와 컴퓨터 등의 핵심 기술을 국책개발 사업으로 개발한다는 것이었다(박영구 2021: 218~219).

반도체공업육성계획(1981~1986)은 반도체의 전략적 가치를 산업의 식량 및 연료로 인식함과 동시에, 세계 시장이 두 배로 성장하며 메모리 반도체 비중이 개별 소자를 능가할 것으로 예상하였다. 이에 동 계획은 반도체산업을 전자산업 고도화의 핵심 및 수출 주도 산업으로 육성하는 것을 기본방향으로 정하고, 생산구조 고도화, 설비 근대화, 연구개발 체제 확립, 기초소재 단계적 국산화, 정부 지원 체제 강화를 육성시책으로 하였다. 고도의 기술이 필요하고 개발기간이 긴 기초 기술은 국책개발 사업으로 하고 비교적 단기간에 끝나는 품목은 기업이 개발하고 정부가 지원하기로 하였으며, 관민 합동의 반도체공업육성추진위원회•를 조직하였다. 이 같은 반도체공업육성계획은 삼성반도체통신, 금성반도체, 현대전자, 한국전자가 반

반도체공업육성추진위원회: 위원회는 위원장인 상공부 차관과 청와대 비서관, 정부 5개 부처 차관보 또는 실장과 KIET 소장, 진흥회 회장과 한국전자공학회 회장으로 구성되었다.

|표 6| 제5차 경제사회발전5개년계획(1982~1986) 전자산업 주요 발전계획

품목	현재 수준	발전계획
반도체	민생용 반도체 생산(시계용 IC) 기초소재 자급도 15%	소형 컴퓨터용 반도체(LSI) 생산 기초소재 자급도 제고 85%
컴퓨터	조립 생산 단계 일부 주변기기 국산화	중형 컴퓨터 단계적 국산화 소형 컴퓨터 국내 고유모델 개발 주변기기 자급 및 수출산업화
통신기기	공간분할식(반전자식) 조립 생산 단계	시분할식(전전자식) 통신기기의 생산 능력 확충 통신기기 부품 자급화 80%
가전제품	저가품 중심의 생산 및 수출 신제품(VTR, 전자레인지) 개발 초기 단계	고가 신제품 개발 촉진(다중방송 TV)
중전기기	저용량 국산개발 완료 초고압 대용량은 개발 초기 단계	초고압 대용량 개발 수출

자료: 상공부(1981: 30~31).

도체산업에 진출하는 계기가 되었다.•

삼성의 반도체 사업 투자: 이병철이 1983년 2월의 이른바 '도쿄 구상'을 통해 VLSI 반도체 사업에 투자하기로 결정한 것은 정부의 뒷받침이 있으면 성공 가능성이 있다고 판단한 때문이었다(이병철, 2014).

정부는 1981년 8월에 제5차 경제사회발전5개년계획(1982~1986)을 발표하였다. 동 계획의 전자산업 부문 실천계획은 전자공업장기육성계획과 반도체공업육성계획을 반영한 것으로 보인다. 경제사회발전5개년계획은 전자산업의 고도화를 목표로 반도체, 컴퓨터, 통신기기를 개발하며(표 6), 1981~1986년에 전자산업의 생산을 43억 달러에서 133억 달러로, 수출을 22억 달러에서 69억 달러로, 자급도를 45%에서 80%로 높이고, 가정용 기기, 산업용 기기, 부품의 생산 비중을 각각 43%, 12%, 45%에서 42%, 20%, 38%로 변화시키는 것을 목표로 삼았다(상공부 1981: 28~29).

한편, 정부는 1981년 4월에 「전자공업진흥법」을 전면적으로 개정하였다. 개정 이유는 기술의 급속한 발전에 맞추어 전자산업의 구조를 고도화하고 특히 반도체, 컴퓨터 등 핵심 기술 부문의 개발을 위해 지원제도를 합리적으로 개편하고 국가적 차원에서 전자산업 육성을 뒷받침할 수 있는 체계를 확립한다는 것이었다. 개정된 법의 중요한 내용은 다음과 같다. 첫째, 기본계획을 대체하는 전자산업 고도화 계획을 수립하는 것이었다. 고도화는 저임금노동력을 기반으로 한 양적 성장이 아니라 기술 수준의 제고를 통해 부가가치를 높이는 것을 의미하였다. 둘째, 전자산업 고도화 계획을 추진하기 위한 재원으로 전자공업진흥기금을 설치하기로 하였다. 그러나 이후 민간의 출연이 부진하여 기금 조성이 계획에 미치지 못하였다. 셋째, 전자산업의 이익연합체로 자문기구 정도였던 전자공업진흥회를 특수법인으로 개편 강화하여 고도화 계획의 추진 주체로 규정하였다.

상공부는 개정된 「전자공업진흥법」에 따라 1982년 10월에 '전자공업 고도화 장기계획'(1982~1991)을 수립하였다. 계획수립위원회 14명과 실무작업반 12명에는 정부 관료보다 대기업 및 진흥회 임직원 등이 훨씬 많이 포함되어 있었다. 상공부는 계획서 서문에 "정부 주도적인 목표의 책정보다는 기업과 연구기관 등에서 집약한 발전 의지를 주로 담은 것으로서 계획이 민간 주도적으로 수립되고 추진될 수 있도록 배려하였다"고 명시하였다(상공부 1982).

고도화 장기계획의 목표는 제5차 5개년계획에서 핵심 전략산업으로 선정하여 중점 육성하기로 한 전자산업이 제2의 도약을 함으로써 경제발전의 주도적 역할과 기술입국을 선도하도록 한다는 것이었다. 정부는 단순한 양적 성장과 정부 주도로는 고도화의 목표가 달성될 수 없다는 점에서 계획의 목표와 성격을 재정립하고, 지속적 성장, 생산구조 개편, 고부가가치 창출을 추진함으로써 달성할 목표치(표 7)와 구체적인 실행 방침을 제시하였다. 계획은 고도화 대상을 연구개발 부뮤, 공업화 부뮤, 합리화 부문으로 구분하였으며, 발전의 기본방향으로 (1) 산업용 기기의 개발 확대를 위해 관수(官需)에 의한 개발과 국산화의 내실화, (2) 가정용 기기의 경쟁력 제고를 위한 품질의 고급화와 수출유망 상품의 부품개발, (3) 부품·소재 개발 촉진을 위한 반도체 및 부품·소재의 단계적 자

|표 7| **전자공업 고도화 장기계획(1982~1991)의 목표**

	1981	1986	1991
부가가치(1980년 가격, 원)		2조 2,700억	5조 4,000억
수출(달러)	22억	65억	130억
제조업 내 비중(%)		12.6	18.6
생산 증가율(연평균, %)		20~22	15~17
수출 증가율(연평균, %)		20~25	15~20
산업용 기기 비중(%)	13	24	31
가정용 기기 비중(%)	42	40	36
부품 비중(%)	45	36	33
고용(천 명)	247	567	760
전문기술직 비중(%)	4.7	10.9	15
기술공 비중(%)	21.8	19.9	25
부가가치율(%)	28	30	34

자료: 상공부(1982: 76~79).

급화에 역점을 두었다. 부품·소재 산업의 육성은 제5차 5개년계획에서도 전자산업의 성패를 결정하는 문제이자 고도화 계획의 전제라고 하였다.

또한 상공부는 1981년의 반도체공업육성계획에 이어 1985년에 반도체산업의 자체 기술개발 여건을 확립하고 독자적 설계 단계로 향상시키기 위한 '반도체종합육성대책'을 수립하였다. 세부적인 주요 대책에는 초고밀도집적회로(VLSI) 연구조합 결성, 현지법인 양산(量産) 공장 건설 촉진, 종합반도체업체화 유도, 반도체 기술 인력 병역특례 혜택 확대, 기술개발자금 지원 대상 확대 등 광범한 내용이 포함되었다. 반도체 개발은 후술하는 상공부의 1986년 부품국산화

계획에 포함되고 과기처의 특정연구개발 사업에도 포함되었다. 특히 과기처가 1985년 6월의 기술진흥확대회의•에 보고한 과학기술발전장기계획에는 1987~1991년에 4M D램을 개발하고 이어서 2001년까지 16M, 64M, 256M D램 개발하는 사업이 포함되었다(박희천 외 1987: 344~346).

한편, 정부는 개정된 진흥법의 규정대로 전자공업진흥회를 정책 수립과 실행에 있어 기업과 국가 사이의 주요한 통로로 사용하였다. 이는 정부와 진흥회 간의 긴밀한 협력적 관계 속에서 전자산업 정책이 수립되었음을 의미한다. 전자공업진흥회는 1981년에 '전자공업 중장기육성종합계획•,' 1986년에 '전자산업의 중장기 전망', 1989년에 '전자산업의 중장기 발전전망', 1997년에 '전자정보산업 중장기 전망'을 작성하고 정부는 그것을 그대로 혹은 약간 수정하여 발표하는 등, 전자산업 정책의 수립과 추진에서 정부와 거의 대등한 관계에 있었다. 이는 경제 안정화 및 자유화라는 정부 정책의 기조와 그동안 급성장한 재벌의 힘으로 인해 나타난 변화라고 볼 수 있다. 단, 전자공업진흥회는 대기업 중심의 조직이었기 때문에 정부의 정책은 자연히 대기업에 초점이 맞추어질 가능성이 컸다.•

기술진흥확대회의: 이 회의는 제5공화국 정부의 기술 드라이브 정책을 대내외적으로 공식화하는 공간이자 구체화시키는 통로였다. 제5공화국은 과학 기술이 경제발전을 선도한다고 생각하고 박정희 시대의 수출진흥확대회의에 착안하여 기술진흥확대회의를 조직하였다. 회의는 1982년 1월부터 1987년 6월까지 매년 1~3회 총 12회 개최되었다.

전자공업 중장기육성종합계획: 진흥회가 1980년에 일본 노무라 연구소에 의뢰한 전자산업 발전대책조사를 종합하여 정부에 건의한 것이며, 이는 1980년대 전자산업을 획기적으로 발전시키는 원동력이 되었다(전자공업진흥회 1999: 130).

전자공업협동조합과 전자공업진흥회: 상공부는 1967년 1월에 한국전자공업협동조합을 설립하여 정책 네트워크를 구축하였으며, 1970년 8월에 수출 독려와 지원을 통합 관리할 한국전자제품수출조합을 창립하였다. 상공부는 사실상 단일 이사진이 운영하는 양 조합을 통합하기로 하고 1976년 2월에 수출조합을 해산하고 한국전자공업진흥회를 창립하였다. 그러나

|표 8| 전자산업 관련 연구조합 수 및 조합원 회사 수

	1982	1983	1984	1985	1986	1987	1988	1989. 8
대기업형	-	1/6	2/11	4/35	4/52	4/58	3/73	4/83
중소기업형	5/22	8/47	10/65	10/76	12/86	13/105	12/153	12/182

자료: 한국과학기술연구원(1989).

전자공업협동조합은 「중소기업협동조합법」에 근거하고 있어 해산이 쉽지 않고 통합을 반대하는 기업이 많았으며, 무엇보다도 진흥회가 대기업을 위주로 구성되어 있었기 때문에 시간이 갈수록 중소기업에 대한 권익 보호가 소홀해지고 있는 점에 대해 회원사들이 반발하였다. 결국 통합 운영 2년 만인 1978년 말에 전자공업진흥회와 전자공업협동조합은 결별하였으며, 전자공업협동조합은 1979년 1월에 정식으로 독립을 선언하고 이사진도 중소기업 중심으로 구성하였다.

연구조합의 설립도 민간의 역할이 점차 커지고 있음을 보여 주는 현상이다. 업계에서는 공동개발을 위한 연구조직의 필요성이 대두되었으며, 이미 1983년까지 전자산업 내에 9개의 연구조합이 존재하였다. 연구조합에 대해 정부의 지원이 있었으며, 1986년 5월에 「산업기술연구조합법」이라는 근거법이 제정되고 동법에 근거하여 1989년까지 23개의 연구조합이 설립되었으며 1989년 현재 대기업형 4개와 중소기업형 12개가 존재하였다(표 8). 4개의 대기업형 연구조합은 정부가 역점을 두고 있는 사업과 관련 있는 컴퓨터연구조합, 반도체연구조합, 음향기기연구조합, 팩시밀리연구조합이었다. 또한 정부 정책의 기조가 민간 주도로 전환됨에 따라 1985년에 산업 정책을 협의할 업종별 민간협의회가 발족하였다. 전자산업발전민간협의회는 전자산업 관련 정보의 교류와 자율적 조사·연구·협의를 통해 정책 결정이 합리적이고 효율적으로 이루어질 수 있도록 정부와 민간의 협조 체제를 강화하기 위해 창립되었으며, 정부의 반도체산업육성계획의 방향을 검토하고 전자산업 중장기 발전계획 수립에 대한 정책 심의와 자문을 하였다.

부품·소재 국산화와 특정연구개발 사업

1970년대의 전자공업진흥기본계획과 1980년대의 전자공업 고도화 장기계획의 근거법인 「전자공업진흥법」은 1986년 1월에 「공업발전법」이 제정되면서 다른 산업육성법과 함께 폐지되었다. 정부는 국내외 여건 변화로 인해 개별 산업에 직접 개입하여 지원하는 방식이 더 이상 바람직하지 않다고 보았다. 경제 규모가 다원화하고 복잡해짐에 따라 그러한 정책의 한계가 나타나고 국제적으로 선진국의 보호주의 강화, 개도국의 추격 등 어려운 상황이 전개되고 있었다. 이에 정부는 지속적인 성장을 위해서는 개방과 자율을 촉진하여 기업 스스로가 성장 능력을 극대화하는 것이 최선이라 판단하고, 민간의 자율 경쟁 원리에 기초하여 산업경쟁력을 향상시킬 수 있는 「공업발전법」을 제정하였다. 동법은 1998년에 「산업구조고도화촉진법」이

제정되기 전까지 유지되었다.

「공업발전법」에 따라 정부의 정책은 개별 산업이 아니라 산업을 첨단산업, 유망성장산업, 성숙산업으로 구분하고 유형별로 접근하였다. 첨단산업은 향후 발전시켜야 할 산업으로서 정부 개입에 의한 관민 합동의 육성책을 추진하며, 유망성장산업은 국내 기업이 국제 경쟁력을 확보하고 있는 산업으로서 민간 자율에 맡기며, 성숙산업은 점차 경쟁력을 상실해 가는 산업으로서 구조조정을 추진하기로 하였다. 첨단산업에는 전자산업에 속하는 마이크로 일렉트로닉스(반도체, 컴퓨터, 정보통신)와 메카트로닉스를 비롯한 신소재, 항공, 생명산업, 정밀화학이 포함되었다(상공부 1989: 176~177, 183).

「공업발전법」 이후 정부가 역점을 둔 정책은 부품·소재 국산화와 첨단 기술개발 촉진이었다. 먼저, 정부는 G5의 플라자 합의 이후 엔고로 인해 수입 부품의 가격이 급등하자 1986년부터 전자산업 고도화의 중요한 목표 중 하나인 부품·소재 국산화를 추진하였다. 이를 위해 1986년 3월에 정부의 기계류·부품·소재산업육성 실무위원회의 하부조직으로 전자공업진흥회 내에 전자부품국산화대책위원회를 설치하였다. 위원장인 전자공업진흥회 상근 부회장과 업계 및 관계 기관의 전문가로 구성된 대책위원회는 국산화 대상 품목을 선정하여 상공부에 고시를 요청하였다. 정부는 부품·소재 개발을 지원하기 위해, 금융면에서는 설비금융 취급규정을 개정하여 수입대체 부품 개발업체에도 수출산업 설비금융을 하며 세제 면에서는 임시투자세액 공제제도 시한을 연장하고 기술 및 인력개발 투자세액 공제를 확대하였다. 또한 1987년부터 추진된 '기계류·부품·소재 국산화 5개년계획'을 통해 1985년 63%인 부품 자급률을 1991년에 69%, 2000년까지 76%로 제고하기로 하였다(상공부 1987: 344~345, 360).

다음으로, 전자산업 고도화의 연장선에 있는 첨단 기술개발 촉진은 특정연구개발 사업•으로 진행되었다. 후술하는 대용량 전전자교환기 TDX-10 개발, 4M D램 반도체 개발, 중형 컴퓨터 시스템 개발, HDTV(high-definition television) 개발이 정부와 민간(기업, 학교)의 공동 연구개발 사업으로 추진되었다. 사업 추진의 기본방향은 (1) 정부와 민간의 역할을 분담하여 기술개발 주체 간의 기능을 재정립한다. 원칙적으로 기업이 주도적 역할을 담당하며 정부는 전반적인 기

특정연구개발 사업: 이 사업은 정부의 강력한 기술개발 추진 의지를 바탕으로, 유망한 특정 기술을 선정하여 목표 지향적으로 집중 지원하기 위한 제도였다. 「기술개발촉진법」에 근거하여, 산·학·연이 공동 참여하는 컨소시엄 형태의 대형 공동연구 사업이며, 1982년에 출범하여 1984년에 사업의 확대 필요성에 대한 논의를 거쳐 1986년부터 본격화되었다.

술개발 촉진의 유인 역할을 담당하여 기초연구와 기반 조성에 역할을 한정한다. (2) 첨단 전략 기술 개발은 공동연구 방식으로 하여 연구재원의 집중화를 도모한다. (3) 자원의 제약상 시장성이 높은 분야부터 개발하여 전체적인 기술 능력을 배양하도록 지원한다는 것이었다(상공부 1987: 357).

민간의 주도성은 점차 확대되었으며 정부가 지원하는 연구개발 사업도 증가하였다. 전자공업진흥회는 정부 관계자들과 반도체 수급 문제를 협의하고 반도체 등 주요 산업의 생산시설재에 대한 관세 감면 연장을 요구하여 관철시키고 우수 대학의 전자 관련 학과 정원 확대를 건의하여 기술 인력의 부족 문제를 해소하였다(전자공업진흥회 1999: 205, 235). 또한 1990년 말에는 '전자산업기술개발5개년계획'을 정부에 건의하였다. 그 내용은 중형 컴퓨터 등 정보산업 부문 12개, 전전자교환기 등 산업용 기기 부문 8개, HDTV 등 가정용 기기 부문 5개, 초고집적반도체 등 반도체 부문 3개, 전자부품 6개 품목을 수출 유망 품목으로 선정하고, 이들 품목의 기술을 향상시킬 과제 수행에 필요한 자금 1조 3,000억 원의 조달을 위해 공업기반기술개발자금과 공업발전기금에 의한 자금 지원을 4배 이상 증가시켜야 한다는 것이었다(『한겨레』 1990. 11. 4, 「수출유망 34품목 집중개발」).

한편 한국전자공업협동조합과 대한전자공학회의 건의에 따라 정부와 민간(삼성, LG, 현대, 대우전자 등)이 공동 출자하여 1991년 8월에 전자부품종합기술연구소(KETI)가 설립되었다. 대기업이 참여하는 기술개발에 주력한 한국전기통신연구소(ETRI)와 달리, KETI는 핵심 부품 기술개발을 통해 중소 부품업계의 기술 애로를 타개하고 기업 성장의 플랫폼을 제공하였다. 첫 번째 사업은 1992년 5월에 발표한 전자 핵심 기술 및 부품개발 계획 'Electro-21'이었다. Electro-21은 선진국이 기술 이전을 피하는 핵심 부품 및 요소 기술을 개발하는 계획이며 1991년에 67.4%인 전자부품 국산화율을 2000년까지 80%로 높인다는 것이었다(상공자원부 1994). 이 프로젝트는 개발 이후 생산 전문화와 판로까지 확보해 준다는 점에서 부품업계의 관심을 모았으나 이미 상당한 투자와 연구를 진행중이던 대기업들은 중소기업과의 공동개발 방침에 반발하였으며, 많은 과제에 비해 예산이 대폭 축소되고 과기처의 선도기술개발 사업(G7 프로젝트)•과 겹치는 문제 등이 있어 주목할 성과를 내지 못하였다.

선도기술개발 사업(G7 프로젝트): 1991년 8월에 과기처가 2000년대 선진 7개국 수준의 과학 기술 진입을 위해 확정한 프로젝트이다. 제품 기술로 초고집적반도체(256M D램)와 HDTV 개발 등 7개 과제, 기반 기술로 7개 과제가 포함되었다(『매일경제』 1991. 8. 23, 「과기처 G7 개발과정 선정」).

|표 9| **전자산업기술개발 과제(1994년 현재)**

(단위: 억 원)

	사업	시작연도(기간)	총 사업비	정부 부담	주관기관
기존	G4 FAX	1990년(5년)	167	58	생산기술연구원
	Electro-21	1992년(5년)	3,800	1,520	KETI
	한국형 CATV	1992년(5년)	293	143	KETI
	대형 컴퓨터	1993년(5년)	380	190	서울대컴퓨터(연)
	TDMA 단말기	1993년(3년)	330	130	KETI
	정보산업표준화 사업	1994년(5년)	150	150	산업표준원
	256M D램	1993년(4년)	1,954	914	개발사업단
신규 확정	멀티미디어 시스템	1993년(5년)	1,000	500	KETI
	TFT-LCD	1993년(5년)	4,350	1,246	디스플레이연구조합
	반도체장비 국산화	1994년(5년)	500	200	반도체연구조합
	디지털 종합전자 기술	1994년(5년)	1,310	610	KETI

자료: 『매일경제』(1994. 6. 21), 「전자핵심기술 2조 투자」; 상공자원부(1994: 394~395).

1994년 5월에 상공자원부는 4~5년 내로 개발이 가능한 '중기거점기술개발 사업'을 확정하고 추진하였으며 총 15개 과제의 대부분은 Electro-21을 비롯하여 전자산업 관련 과제였다. 또한 6월에는 전자산업의 핵심 기술을 확보하여 기술 기반을 강화하고 국산화율을 높이기 위한 '전자산업기술개발전략'을 발표하였다. 이는 7개의 전략 기술 분야에서 기술개발 과제를 3~4개씩 선정하여 총 22개 과제를 3~5년 동안 민간과 정부가 합동 개발한다는 것이었다. 22개 중 11개의 기존 과제 및 신규 확정 과제는 Electro-21, 256M D램, LCD 개발과 같은 대형 사업이 포함되어 있는 중기거점기술개발 사업들이었다(표 9). 총사업비가 총 1조

4,000억 원이며 여기에 추가로 추진할 11개 사업까지 포함하면 기술개발 과제의 총사업비는 총 2조 원이었다. 중기거점기술개발 사업이기도 한 기존 및 신규 확정 과제의 주관기관을 보면, 민관 합동으로 설립한 KETI, 연구조합 혹은 개발사업단이어서 이전보다 민간이 좀 더 주도적이었다고 할 수 있다.

이상을 요약하면, 1960~1970년대에 정부의 전자산업 육성 정책은 수출의 양적 확대를 위해 외자 기업에 의존하면서도 그것이 국내 기업의 성장을 저해하지 않도록 하였으며, 자국민주의를 지향하여 점차 국내 기업이 수출을 주도하도록 하였다. 또한 반도체와 컴퓨터를 육성 품목으로 지정하는 등 산업의 양적 확대만이 아니라 질적 변화를 유도하는 등 전자산업의 성장을 주도하였다. 1980년대 정책의 특징은 계획 수립에 민간이 참여하였다는 점이다. 고도화 장기계획을 총괄한 전자전기공업국장은 계획의 주요한 핵심이 재벌 그룹의 종합전자업체가 4~5개는 되어야 한다는 것이었다고 회고하였다(한국전자산업진흥회 1999: 506). 정부는 연도별 목표와 지원 대상을 정하는 것이 아니라 장기적인 전망을 제시하고 기업의 투자를 독려하고 지원하였다. 1980년대 후반부터 정부는 민간이 참여하는 특정연구개발 사업을 조직하였으며, 사업의 주도권은 점차 민간으로 넘어갔다. 예컨대, 16M과 64M D램 개발 사업은 정부출연연구소가 중심이었으나 1990년대에 256M D램 개발 사업은 신경제 5개년계획의 기본방침에 맞추어 민간이 주도하였다(상공자원부 1994: 420). 대기업은 이러한 연구개발 사업에 참여하여 상호 협력하면서도 경쟁하였다.

3

세계 시장의 성장과 기업 간 경쟁

세계 시장의 성장

삼성과 LG의 경쟁

세계 시장의 성장

전자산업은 수출 주도 산업이었던 만큼 세계 시장이 급속하게 성장한 것은 한국의 전자산업이 성장할 수 있었던 중요한 배경이었다. 물론 소득이 빠르게 증가하면서 전자제품의 국내 시장도 급성장하였다. 1980~2000년에 명목액으로 국내 시장은 27배로 성장하였다(표 2). 1980년대에 컬러 TV 등의 가정용 기기가 빠른 속도로 보급되고 그 결과 1990년대에 보급이 거의 포화 상태에 이르러 수요 진작을 위해 특별소비세를 인하 또는 폐지하는 상황이었으며,• 반면에 이제 막 시작된 개인용 컴퓨터와 휴대전화 국내 시장은 빠른 속도로 확대되었다. 이처럼 국내 시장이 확대되었지만 전자산업의 성장을 견인한 것은 무엇보다 세계 시장이었다.

특별소비세 인하: 정부는 국내 시장 확대를 위해 가전제품 특별소비세율을 크게 인하하고 마침내 폐지하였다. 1989년 1월에 40%에서 15~20%로 인하하고 1998년 7월에는 10.5%로 인하하였으며, 1999년 12월에는 에어컨과 빔 프로젝트를 제외하고는 특소세를 폐지하였다.

그림 3에서 보듯이, 세계 수출무역에서 전자제품이 차지하는 비중은 1980~1990년대에 6%대에서 15% 가까이로 증가하였으며, 특히 산업용 기기(컴퓨터 등)와 전자부품(반도체 등)의 비중이 상대적으로 더 빠르게 증가하였다. 이는 석유파동으로 세계 경기가 둔화된 가운데 그 비중이 6% 전후에서 거의 정체하였

|그림 3| 수출무역에서 차지하는 전자제품(기기 및 부품)의 비중

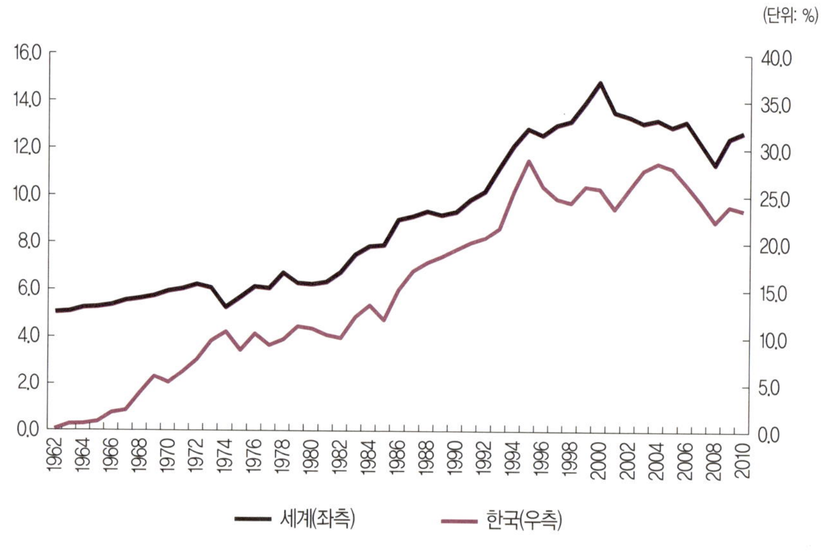

주: 세계는 좌측 눈금, 한국은 우측 눈금 기준.
자료: http://comtradeplus.un.org S-72류.

던 1970년대나 닷컴 버블의 붕괴로 인한 불황으로 전자제품의 가격지수가 하락한 2000년대와 비교할 때 1980~1990년대가 전자산업의 성장에 매우 중요한 시기였음을 의미한다. 이처럼 시장이 크게 성장한 것은 아날로그 제품에서 디지털 제품 중심으로 전환되고 있었기 때문이었다. 즉, 세계 무역에서 전자제품의 비중이 증가한 배경에는 PC의 보급과 전자제품의 디지털화가 있었다고 할 수 있다.

전자산업은 20세기 후반에 가장 빠르게 성장한 산업이며 연구개발, 설계, 제조 등이 전 세계에 분산되어 있고 많은 회사가 기술 및 부품 조달 면에서 상호 의존 관계에 있는 전형적인 글로벌 산업이다. 전자산업을 주도한 것은 미국이었지만, 1970년대 중엽에 일본은 세계 최대 가전제품 생산국이 되고 PC와 반도체 분야에서도 미국과 경쟁하였다. 그러나 일본은 제조 기술에서 타의 추종을 불허할 정도였지만 소프트웨어 시장을 장악한 미국을 추월하지 못하고 결국 퇴보하고 말았다. 일본보다 뒤에서 추격에 나선 국가는 미·일 전자산업의 아웃소싱 대상국이던 한국과 대만이었다.

전자산업이 아날로그 기술에서 디지털 기술로 전환되고 있었던 것은 후발국인 한국과 대만이 제조 강국인 일본을 추월할 수 있었던 배경이었다. 디지털 기술은 상품화(commoditization)•를 촉진하므로 제품의 차별성보다 가격 경쟁이 중요해지며, 따라서 디지털화는 일본보다 후발국에게 유리하게 작용하였다. 세계 수출무역에서 전자제품의 비중이 증가하고 있는 시기에 한국의 수출에서 전자제품이 차지하는 비중도 빠르게 증가하였다. 한국의 전자산업은 1970년에 5,500만 달러의 수출에 불과하였으나 1987년에 100억 달러

상품화: 제품이나 서비스가 표준화되고 판매 가능한 대상으로 변환되는 과정을 말한다. 이 과정은 제품의 개별성, 고유한 특성, 브랜드 정체성을 제거하므로 차별성을 약화시키고 동일한 유형의 다른 제품과 대체 가능하게 만든다.

를 넘기면서 섬유산업을 제치고 수출 1위 산업이 되었다. 수출에서 전자제품의 비중은 1970년대 후반에 10% 전후에 불과하였으나 1980~1990년대를 통해 25%대로 증가하였다. 즉, 전자제품 세계 시장의 확대가 이 시기에 한국의 수출과 생산에서 전자산업의 비중이 증가하게 된 이유였다고 할 수 있다. 전자제품 세계 시장에서 한국이 차지하는 비중은 1970년대에 1%대였으나 1995년에는 5.8%로 증가하였다.

한국의 전자제품 수출은 1980~1990년대에 양적으로 크게 증가하였을 뿐 아니라 질적으로도 크게 변하였다. 전자제품 수출 합계액은 1981년에 22억 달러였으나 1998년에 387억 달러로 증가하였다. 부문별로는 전자부품이 1980년대 말부터 빠르게 증가하면서 전자제품 수출의 60% 이상을 차지한 반면, 가정용 기기의 수출 비중은 급감하였으며 산업용 기기는 일정한 비중을 유지하다가 1990년대 말에 급증하였다. 산업용 기기에서는 탁상용 계산기나 CB트랜시버가 비중이 컸으나 1990년대 중엽까지 컴퓨터 모니터가 가장 비중이 컸으며 1990년대 말에 이동통신 단말기가 가장 큰 비중의 수출품으로 등장하였다. 가정용 기기 중에는 녹음기가 가장 큰 비중을 차지하였으며 1980~1990년대

|표 10| **전자제품 수출 추이**

(단위: 백만 달러, %)

	1981	1985	1990	1995	1998
합계	2,210(100.0)	4,590(100.0)	17,224(100.0)	43,592(100.0)	38,669(100.0)
산업용	145(6.6)	905(19.7)	3,481(20.2)	7,666(17.6)	9,201(23.8)
모니터	11(0.5)	168(3.7)	1,116(6.5)	3,116(7.1)	2,348(6.1)
가정용	1,124(50.9)	1,860(40.5)	5,727(33.3)	7,861(18.0)	5,438(14.1)
컬러 TV	184(8.3)	405(8.8)	1,347(7.8)	1,818(4.2)	993(2.6)
전자부품	941(42.6)	1,825(39.8)	8,016(46.5)	28,065(64.4)	24,031(62.1)
집적회로	343(15.5)	1,062(23.1)	4,079(23.7)	21,154(48.5)	16,091(41.6)

자료: 한국전자산업진흥회(1999).

에는 컬러 TV가 가장 비중이 큰 수출품이었지만 다른 품목에 비해 월등하게 크지는 않았다. 전자부품에서는 반도체가 포함된 집적회로가 가장 큰 수출품이었으며 점점 그 비중이 급속하게 커져 전자제품 수출 총액의 40%를 훨씬 능가하였다(표 10).

반도체 수출이 크게 증가할 수 있었던 것은 1980년대 후반에 일본의 반도체 수출이 어려워진 사정과도 관련 있다. 일본의 반도체산업은 1980년대에 미국을 추월하여 D램 반도체를 중심으로 세계 반도체 생산에서 과반을 차지할 정도로 성장하였다. 그러나 그것에 위협을 느낀 미국은 1986년에 미·일 반도체협정을 맺고, 미국 반도체업체를 압박하고 있는 일본 기업의 반도체 덤핑수출 방지 등의 조건을 일본 정부에 요구하였으며, 1991년에는 그것을 강화한 신협정을 맺었다. 미·일 반도체협정으로 일본은 반도체의 해외 판매가격을 인상하고 외국산 반도체의 국내 사용을 확대해야 하였다. 이후 D램 반도체 세계 시장에서 국가별 비중은 아주 극적으로 변하였다. 1975년에 미국이 거의 유일하게 D램 반도체를 생산하였으나 1985년에 일본이 80%, 미국이 20%를 생산하였으며, 2000년대 초에 일본은 10% 이하로 하락하고 한국이 40% 이상을 생산하게 되었다.

대만도 한국과 마찬가지로 가정용 기기의 수출 비중이 급격히 감소하였지만, 한국과 달리 산업용 기기의 수출 비중이 크게 증가하고 부품은 일정한 비중을 유지하였다. 이러한 차이는 양국 전자산업의 성격이 상이하였음을 의미한다. 양국 모두에서 전자산업의 초기에는 외국인 기업이 중요하였지만 한국에서는 점차 국내 대기업이 중심이 되고 수출에서 차지하는 대기업의 비중이 압도적으로 컸다. 이들 대기업은 개도국에서 흔히 볼 수 있는 OEM 방식의 수출을 하지 않고 가전제품과 이후 컴퓨터와 메모리 반도체에 이르기까지 모두 자사 브랜드를 부착한 제품으로 세계 시장에 진출하였다. 시장에 잘 알려져 있지 않은 자사 브랜드 제품으로 시장에서 세계적 브랜드와 경쟁하면서 생존한다는 것은 OEM 방식보다 확실히 어렵고 위험이 큰 경로이다. 반면 대만은 PC와 같은 제품을 생산하는 중소기업의 수출 비중이 크고 OEM 방식의 수출이 많았다. 대만의 컴퓨터 수출에서 차지하는 OEM 수출은 1984년 40%, 1987년 42% 정도였다(梶原弘和 1994: 263).

삼성과 LG의 경쟁

종합전자업체로의 성장

한국의 전자산업은 처음부터 수출산업으로 시작되었는데, 그것이 가능하기 위해서는 기업이 세계 시장에서 판매가 가능한 수준의 제품을 생산할 수 있어야 하였다. 한국의 전자제품이 1980~1990년대에 세계 시장에서 그 비중을 높여 갈 수 있었던 것은 정부의 적극적인 산업 정책 때문이기도 하지만 기업이 가격과 품질에서 경쟁력을 갖고 있었음을 의미한다.

전자산업 초기에는 외국인 기업이 생산 및 수출에서 큰 비중을 차지하였으나 1970년 후반부터 국내 기업이 높은 성장세를 보였다. 국내 전자산업을 대표하는 기업인 LG전자(금성사, 1995년에 사명 변경)는 1958년에 설립되었으며, 삼성전자는 1969년에 설립되었다. 1980년대에 삼성과 LG 외에도 대우와 현대 그룹이 기업의 합병 또는 신설을 통해 전자산업에 진출하였으나 삼성과 LG의 계열사들이 전자산업 생산의 60~70%를 차지하였다(김석희·배종기·윤동진 1989: 51). 삼성과 LG 그룹은 삼성전자와 LG전자 외에 1970~1980년대에 많은 계열사를 설립함으로써 가전제품, 정보통신기기, 전자부품을 생산하는 체제를 갖추었다.

삼성은 1970년대에 계열사로 부품 관련 부문을 이관하여 사업을 수직계열화 함으로써 사업 영역을 확장하였다. 이렇게 성장의 기반을 구축한 삼성전자는 1980년대에 들어와 반도체 사업이 활성화되고 통신·컴퓨터 사업이 심화되자 관련 계열사를 합병함으로써 종합전자업체로 성장하였다. 창업주의 사망으로 그룹을 승계한 이건희는 1988년 11월에 삼성반도체통신을 삼성전자에 합병함으로써 삼성전자의 규모를 2배로 키웠다. 삼성전자는 합병을 통해 가전제품의 다기능화와 고부가가치 제품개발에 필요한 IC 설계 기술을 보유하게 되었고, 반도체·통신 부문에도 가전제품에 필요한 반도체 개발까지 업무를 확장시킬 수 있게 되었을 뿐 아니라, 양사의 반도체와 컴퓨터 부문의 기술력을 통합함으로써 기술과 인력을 효율적으로 운용할 수 있었다(삼성전자주식회사 2010: 75). 통합 후 삼성전자는 가전 사업, 정보통신 사업, 반도체 사업 부문을 갖게 되었고 1989년에 정보통신 사업에서 컴퓨터 사업을 분리하여 4대 사업 체제를 갖게 되었다.

LG 역시 1960년대 말부터 전자기기 및 통신기기 부품을 생산하는 부품회사를 비롯한 자회사를 잇따라 설립하였다. 수직계열화는 원가를 절감하고 부품에서 완제품까지 아우르는 시스템을 완성하기 위한 것으로 세계적인 경쟁력을 갖추기 위해 반드시 필요하였다(LG전자 2008: 89). 그런데 삼성전자가 반도체 사업을 통합한 것과 달리, LG는 1979년에 대한반도체를 인수하여 설립한 금성반도체에서 반도체 사업을 분리하여 1989년에 금성일렉트론을 설립하고 1990년에 금성반도체의 사명을 금성정보통신(후에 LG정보통신)으로 변경하였다.• LG전자가 정보통신 분야의 계열사인 금성통신을 합병한 것은 1995년이었다. 금성통신은 1969년에 LG전자에서 통신기기 생산을 분리시켜 설립한 회사로서, 자산 규모가 LG전자의 1/4에 불과하며 채산성이 낮은 사업을 정리하였음에도 수년간 거액의 적자 상태를 벗어나지 못한 회사였다. 게다가 LG전

금성정보통신과 금성일렉트론: 교환기와 통신 단말기를 생산하는 금성정보통신은 1995년에 LG정보통신으로 사명을 변경하고 2000년에 LG전자에 합병되었으며, 반도체를 생산하는 금성일렉트론은 LG전자의 메모리 부문을 병합하고 사명을 LG반도체로 변경, 존속하다가 외환위기 이후 빅딜에 의해 현대전자에 합병되었다.

자는 금성통신을 합병하면서 통신 단말기, 즉 전화기 생산을 금성정보통신에 이양하였기 때문에 합병을 통해 얻을 수 있는 시너지 효과가 거의 없었다.

원래 선발업체인 LG전자가 삼성전자보다 자산, 매출, 자본 규모가 컸지만 1980년대 중엽부터 역전되었다. 삼성전자는 1970년대에 적극적인 투자를 통해 1980년에 자산 2,557억 원, 매출 2,335억 원을 달성하여, 자산 2,576억 원, 매출 2,530억 원인 LG전자와 대등한 규모의 회사가 되었다. 삼성전자는 1980년대 중엽부터 매출에서 LG전자를 추월하였으며, 결정적으로 삼성전자가 삼성반도체통신을 합병한 1988년 이후 삼성전자와 LG전자 간의 차이는 현저해지고 다시 좁혀지지 않았다. 삼성전자가 LG전자를 추월한 것은 계열사인 삼성반도체통신을 합병한 결과였다. 삼성전자가 반도체·통신 계열사를 합병하면서 사업 규모를 확대하고 합병의 효과를 누렸다면, LG전자는 합병의 시기가 늦었고 합병한 계열사가 부실하였을 뿐 아니라 반도체 사업을 별도의 회사로 존속시킨 것이 이후 삼성전자와 LG전자의 성장에서 차이를 가져왔다고 할 수 있다.

삼성과 LG 두 재벌 그룹의 창업자 구인회와 이병

철은 사돈 관계였지만 삼성이 전자산업에 진출하면서 숙적 관계로 변하였다. 삼성전자와 LG전자는 오랫동안 한국의 전자산업을 양분해 온 라이벌이었으며, "냉장고와 TV에서 경쟁을 벌이던 두 숙적의 싸움은 이제 VTR로 옮겨졌으며 컴퓨터, 반도체뿐 아니라 신제품 개발에 총력을 기울이면서 전체 전자산업을 주도"(『경향신문』 1982. 6. 25, 「컴퓨터에 승부건다」)하였다. 양사는 가전제품과 컴퓨터 및 주변기기, 이동통신기기 등, 거의 모든 부문에서 경쟁하였으며, 신제품 출시와 품질 경쟁을 통해 소비자의 수요를 자극하면서 개발한 제품과 기술은 세계 시장에서 양사의 경쟁력이 되었다.

삼성전자와 LG전자의 제품 경쟁

먼저 가전제품을 대표하는 TV 부문에서 양사의 자존심을 건 경쟁이 시작되었다. 삼성전자와 LG전자는 미·일로부터 기술 및 부품을 공급받아 TV를 생산하였다. 1966년에 LG전자가 일본 히타치의 기술로 진공관식 흑백 TV를 국내 최초로 생산하여 시장을 점유하였으며, 1969년에 트랜지스터 TV를 개발하고 다양한 종류의 흑백 TV를 출시하면서 국내 시장을 석권하였다. 후발자인 삼성전자는 1970년에 일본 산요로부터 부품을 공급받아 진공관식 흑백 TV를 생산하고 1973년에 미쓰비시의 기술 지원으로 트랜지스터 TV를 출시하였다. 후발자인 삼성은 흑백 TV의 열세를 역전시키고자 LG보다 앞서 1976년에 미국 RCA의 기술로 컬러 TV를 생산하였으며, 이에 LG도 1977년에 컬러 TV를 생산하여 수출하기 시작하였다.

1980년 말에 컬러 TV 방송이 시작되어 국내의 TV 수요가 증가하면서 LG전자와 삼성전자 간의 신제품 경쟁이 치열하였다. 삼성전자는 1981년에 전압 자동조정이 가능한 컬러 TV '이코노빅'을 출시하고 1984년에 국내 TV 시장 점유율 1위를 차지하였다. 이에 LG도 '오토볼트'라는 유사 제품을 출시하였다. 1992년에 삼성이 위성수신 컬러 TV를 출시하자 며칠 후 LG도 동일한 기능의 제품을 내놓았으며, 1993년에 삼성이 원적외선 바이오 TV를 출시하자 LG도 원적외선 TV를 내놓았다. 대형 TV 시장에서도 LG와 삼성은 각각 '아트비전'과 '명품' 브랜드로 경쟁하였다. 이런 경쟁 속에서 한국은 일본 다음으로 세계 2위의 컬러 TV 수출국이 되었다. 양사는 TV 부문에서 치열하게 경쟁하였지만 반도체와 핵심 부품을 거의 일본에서 수입하고 있어 자체 기술을 확보하지 않으면 시장에서 도태될

|표 11| 삼성전자와 LG전자의 TV 제품 경쟁

연도	제품	제조사	연도	제품	제조사
1969	트랜지스터 TV(UT-1)	LG전자	1993	TV 아트비전	LG전자
1973	트랜지스터 19″ 흑백 TV	삼성전자	1993	원적외선 바이오 TV	삼성전자
1975	이코노 TV(순간수상 방식)	삼성전자	1995	아트비전골드 TV(3차원 광센서)	LG전자
1976	컬러 TV 개발	삼성전자	1996	명품플러스원 TV	삼성전자
1977	컬러 TV CT-808	LG전자	1996	인터넷 TV 개발	삼성전자
1981	이코노빅 TV(프리볼트)	삼성전자	1997	세계 최초 40″ PDP	LG전자
1983	음성다중 TV	삼성전자	1997	세계 최초 디지털 TV 수신용 칩셋	LG전자
1984	국내 최초 평면 브라운관 TV	LG전자	1998	프로젝션 TV 파브	삼성전자
1986	45″ 프로젝션 TV	삼성전자	1998	디지털 TV용 2세대 칩셋 개발	LG전자
1986	VTR 일체형 TV	LG전자	1998	국내 최초 완전 평면 TV	LG전자
1989	문자다중 TV	삼성전자	1998	완전 평면 TV 개발	삼성전자
1991	음성인식 TV	금성사	1999	60″ HD급 디지털 PDP TV	LG전자
1992	와이드 TV	삼성전자	1999	국내 최초 LCD TV	LG전자

자료: 한국공학한림원(2019: 291).

것이라는 위기감을 갖고 있었다. 이러한 위기감이 새로운 개척 분야인 HDTV와 LCD에서 독자적 기술개발로 이어지고, 양사는 자연스럽게 HDTV와 LCD 시장에서도 경쟁하였으며, 외국 업체를 인수하거나 합작함으로써 필요한 기술을 획득하였다.

이동통신 단말기에서도 삼성전자와 LG전자는 경쟁하였다. 삼성전자는 1988년에 국내 최초의 휴대폰 SH-100을 내놓았다. 당시 이동통신 단말기 원천 기술을 보유한 모토로라는 경쟁업체의 등장을 막기 위해 단말기 제작에 필요한 소형 부품 공급을 하지 않았기 때문에 양사는 부품을 자체 개발할 수밖에 없었다. 비록 SH-100은 품질에 문제가 있어 주목을 받지 못하였지만, 삼성은 1993년에 SH-700을 출시하면서 히트를 쳤다. 1994년에 '애니콜'이라는 브랜드를 사용한 SH-770으로 삼성의 신화가 시작되었다. LG전자는 일본의 NEC와 모토로라 등과 제휴하여 OEM으로 제품을 생산하다가 1992년에 자체적으로 개발한 GSP-100을 출시하였다. GSP-100은 초소형화 및 초경량화를 달성하고 다양한 기능을 갖추었지만 국내 시장에서는 큰 성과를 거두지 못하였다. LG는 삼성의 애니콜에 대응하여 1995년에 '화통'이라는 브랜드의 제품을 출시하였는데 그것은 당시 국산 제품 중에서 가장 작고 가벼웠다. 그러나 LG전자는 1995년 단말기 국내 시장 점유율이 7.3%에 불과하여 51.5%인 삼성전자를 따라잡기에는 역부족이었다.

이동통신 단말기 시장은 1996년에 부호분할다중접속(CDMA) 서비스가 시작되고 1998년에 개인휴대통신(PCS) 서비스가 상용화되면서 크게 확대되었으며 단말기 제조업체 간의 경쟁도 치열해졌다. LG전자가 1996년에 CDMA 서비스 개통과 동시에 프리웨이

|표 12| 삼성전자와 LG전자의 이동통신 단말기 경쟁

출시	제조사	모델명	특징
1988	삼성전자	SH-100	국내 최초의 자체 개발 아날로그 휴대폰
1992	LG전자	GSP-100	LG전자 최초 자체 개발 휴대폰
1993	삼성전자	SH-700	전지 포함 199g의 초소형 휴대폰
1993	LG전자	GC-600	LG전자 '셀스타' 브랜드 휴대폰
1994	삼성전자	SH-770	삼성전자 최초의 '애니콜' 브랜드 휴대폰
1995	LG전자	GC-800	LG전자 '화통' 브랜드 휴대폰
1996	LG전자	LDP-200	세계 최초 CDMA 휴대폰
1996	삼성전자	SCH-100	이중모드(아날로그 및 CDMA 방식) 휴대폰
1997	현대전자	HHP-9300	현대전자 시티맨 브랜드 CDMA 휴대폰
1997	삼성전자	SCH-1100	삼성전자 PCS 단말기, 초경량 단말기
1997	LG전자	LGP-5000F	LG 싸이언 PCS 단말기, 음성 다이얼, 초경량

자료: 한국공학한림원(2018: 203, 218).

(LDP-200)를 내놓자 삼성전자는 디지털 애니콜이라는 제품으로 대응하였으며, 다시 LG는 1997년에 싸이언(CYON)을 출시하였다. 양사는 이동통신 단말기의 소형화와 경량화, 카메라 품질, 새로운 기능과 디자인을 두고 치열하게 경쟁하였다. 비록 당시에 LG전자가 브랜드 파워에서 열세였지만 양사는 상호 경쟁하는 가운데 세계 시장에서의 점유율을 높여갔다.

대기업은 1980년대에 이르러 반도체 사업에 본격적으로 진출하였다. 삼성 그룹은 1974년에 한국반도체의 지분 50%를 인수하고 이후 나머지 지분 50%도 인수하여 1978년에 삼성반도체를 설립하였으며 2년 후에 삼성반도체를 삼성전자의 반도체 사업부로 흡수하였다. 삼성 그룹은 반도체 사업에 경영자원을 집중하고 상호 보완적으로 경영하기 위해 1982년 말에 삼성전자의 반도체 사업부를 한국전자통신(KTC)•에 이양하고 KTC를 삼성반도체통신으로 변경하였으나, 앞에서 말한 대로 1988년 말에 삼성전자가 삼성반도체통신을 합병함으로써 종합전자업체로 성장하였다. LG 그룹은 1979년에 대한전선이 설립한 대한반도체를 인수하여 금성반도체로 사명을 변경하고 LG전자의 반도체 사업을 금성반도체로 이양하였다. 금성반도체는 그룹 내에서 반도체와 컴퓨터를 생산하는 업체였으나 앞에서 설명한 대로 LG 그룹은 1989년에 금성반도체의 반도체 사업을 분리하여 금성일렉트론(1995년에 LG반도체로 변경)을 설립하였다.

한국전자통신: 1997년에 산업은행의 전액 출자로 설립된 전자교환기 생산 공기업이다. 삼성은 1970년대 후반에 전자교환기 사업에 뛰어들어 1977년에 미국 GTE와 합작으로 삼성GTE통신을 설립하고 1979년에 KTC를 인수하였으며 1980년에 삼성GTE통신을 KTC에 합병하였다. KTC는 삼성전자로부터 반도체 사업을 인수한 후 사명을 삼성반도체통신으로 변경하고 반도체·컴퓨터·통신 사업을 하였으며 1988년에 삼성전자에 합병되었다.

삼성은 비교적 일찍 반도체 사업에 관심을 가졌지만 반도체 사업은 1982년에 삼성전자 매출의 3.1%에 불과하였고 아직 이익을 내지도 못하였다. 그러나 1981년에 정부가 반도체산업 육성 방침을 발표함에 따라 새로 현대 그룹이 반도체 사업에 진출하였다. 현대는 삼성에 대한 경쟁심 등이 어우러져 사업 초기부터 과감한 설비투자를 하였다. 즉, 1983년에 현대전자를 설립하고 미국 실리콘 밸리에 현지법인을 설립하였다. 이에 1983~1984년에 삼성반도체통신과 금성반도체도 메모리 반도체 기술의 확보를 위해 미국에 현지법인을 설립하였다. 삼성, 현대, LG는 각각 부천·기흥, 이천, 구미에 공장을 건설하고 미국 법인을 통한 기술 도입을 추진하였다(한국공학한림원 2019: 58~63).

1980~1990년대 반도체 부문의 기술개발은 삼성전자, LG반도체, 현대전자의 3파전이었으며 가장 앞선 업체는 삼성전자였다. 삼성전자는 1983년을 반도체 원년으로 삼아 대규모 투자를 선언하고 제품개발에 착수하였으며, 초기 5년 동안 엄청난 적자를 본 후 1988년부터 큰 폭의 흑자를 내기 시작하였다. LG반도체와 현대전자는 표 13에서 보듯이 삼성전자를 맹렬히 추격하였다. 반도체 사업 경험이 전혀 없는 상태에서 출발한 현대전자는 안정적 품질을 확보하는 데 어려움이 있었으나 해외 한인 기술자를 채용하여 자체 기술 역량을 축적하였다. 4M D램부터는 선진국이 기술 보호를 강화하면서 기술 도입이 어려워지자 3사는 공동 연구개발 사업에 참여하여 설계 기술을 공동개발하면서도 제품개발에서 서로 경쟁하였다. 기술이 가장 앞서

|표 13| **반도체 3사의 메모리 반도체 양산개시 시점**

	64K	256K	1M	4M	16M	64M	128M	256M	1G
삼성전자	1984	1985	1988	1990	1992	1995	1998	1999	2006
현대전자	1985	1987	1992	1992	1994	1996	1999	2001	2007
LG반도체	1985	-	1992	1992	1994	1996	1999	-	-
선진국	1980	1982	1985	1989	1992	1996	1999	2000	2007

자료: 한국공학한림원(2019: 52).

있던 삼성전자가 3사 중에 가장 먼저 개발과 양산을 하였으나 현대전자와 LG반도체도 곧장 그 뒤를 따랐다. 삼성전자는 64M D램을 세계 최초로 개발하였으며 LG반도체는 삼성보다 개발이 늦었지만 데이터 처리속도가 가장 빠른 D램을 출시하였다. 그러나 1996년에 반도체 시장의 불황이 닥치고 또 1997년 말에 외환위기에 직면하여 이루어진 기업 구조조정에서 빅딜을 통해 LG반도체는 현대전자로 합병되었다.

전자제품의 세계 시장은 빠른 속도로 확대되고 있었고 전자제품의 주기가 짧기 때문에 비용보다는 차별화된 신제품을 출시하는 것이 경쟁력이었다. 삼성과 LG 간의 제품 경쟁이 치열해지면서 제품주기도 단축되었다. 혁신경제학의 원조 슘페터는 경쟁이 혁신의 원천이라고 하였다. 신고전파 경제학에서 경쟁은 시장을 정학적 균형에 이르게 하며 마르크스 이론에서 경쟁은 공황이라는 파괴적 결과에 이르는 반면, 슘페터 이론에서 경쟁은 창조적이고 고무적인 혁신이라는 결과를 낳는다. 국내에서의 이러한 제품 경쟁은 소모적인 것이 아니며, 치열한 국내 경쟁은 더 큰 성장을 위해 해외로 판매하도록 압력을 가하며, 특히 규모의 경제가 있는 산업에서 서로 경쟁하는 기업들은 더 큰 효율성과 높은 생산성을 추구하기 위해 해외로 눈을 돌린다. 또한 경쟁이 혁신의 압력을 가하면서 혁신의 속도가 전반적으로 높아지며 경쟁 기업들이 서로 모방하고 기업들 간에 인적 이동이 일어나면서 지식과 기능이 축적된다(Porter 1990: 194~198).

삼성과 LG는 경영 혁신에서도 경쟁하였다. 삼성은 1981년에 종합연구소에 디자인실을 설치하고 1983년에 기흥에 제2부지를 조성하고 공장을 건설하였다. 1988년에 삼성은 제2창업을 선언하였으며 1993년에 '신경영'을 선언하고 이후 '월드 베스트 전략'을 본격적으로 추진하여 1999년에 D램 반도체, S램 반도체, LCD, 컴퓨터 모니터 등 4개 품목에서 세계 1등 상품을 만들었다(삼성전자주식회사 2010). LG는 삼성의 디자인실 설치와 부지 조성에 대응하여 1983년에 디자인종합연구소를 설립하고 평택에 부지 기공식을 하였다.

또한 1988년에 경영 효율과 국제 경쟁력 제고를 도모하기 위한 'F-프로젝트'를 추진하고 그룹 차원에서 21세기를 향한 경영 구상으로 'V프로젝트'를 발표하였다. 1990년에는 '21세기를 향한 신경영'을 대외적으로 선언하고 1995년에 사명을 LG로 통일하고 제2의 경영혁신 원년으로 삼았다(LG전자 2008).

삼성전자와 LG전자는 1990년대 중엽에 '세계 제일'을 슬로건으로 삼았다. HDTV 개발을 하는 LG전자의 연구원은 세계 제일의 기술로 일본 업체를 제치고 초기에 세계 시장을 석권하는 것이 목표라 하였으며, 삼성전자는 월드 베스트 전략으로 새로운 차원의 제품을 개발하였다. 양사 모두 세계 제일을 추구하는 것을 생존 전략으로 삼았다(『경향신문』 1994. 10. 7, 「초일류만 살아남는다」). 이는 양사의 전자제품이 치열한 경쟁 속에서 어느덧 세계 최고의 제품과 경쟁할 수 있는 반열에 들어섰음을 의미한다.

4

기술 추격의 과정

HDTV와 디스플레이

메모리 반도체

교환기와 이동통신기기

한국 전자산업의 기술과 주력 제품은 표 14와 같이 빠르게 변하였다. 1960~1970년대에는 라디오, 흑백 TV, 진공관, 전축, 탁상용 계산기, 컬러 TV, 라디오 카세트 등의 가정용 기기와 수동 부품 중심이었다. 기업은 OEM 방식이 아니라 처음부터 자사 브랜드로 생산하였으며, 미·일의 전자제품을 분해 조립하는 리버스엔지니어링•으로 기술을 모방하였다. 그러나 모방적 기술과 단순조립을 저임금노동력과 결합시켜 대량 생산을 추구하는 전략으로 한국의 전자산업은 상당한 정도의 제조 역량을 축적할 수 있었다.

리버스엔지니어링: 기계장치를 역으로 분해함으로써 시스템의 기술적 원리나 작동 원리를 그 구조 분석을 통해 발견하는 과정. 후발국이 산업화 과정에서 모방을 통해 기술을 습득하는 방식이다.

1980년대의 주력 제품은 자체 개발에 의해 품질이 개선된 컬러 TV, VCR, PC 및 주변기기, 전자식 교환기, 반도체 등과 같은 기술 집약적인 제품이었으며, 1990년대에는 HDTV, 메모리 반도체, CDP, 고성능 PC, 이동통신 단말기 등, 고부가가치 제품이 주력 제품으로 등장하였다. 1980~1990년대에 한국의 전자산업은 모방적 기술에서 벗어나 기술을 자체 개발하는 구조로 전환 중이었으며, 반도체 생산공정 기술과 회로설계 기술을 개발함으로써 선진국과의 기술 격차를 좁혀 갔다.

한국의 전자산업이 질적 고도화와 첨단 기술개발

|표 14| **한국 전자산업의 기술과 주도 품목의 변화**

	1960년대	1970년대	1980년대	1990년대	2000년대 이후
기술	단순조립	제품 생산 기술	반도체 생산 기술 제품설계 공정 기술	디지털 회로 기술 반도체 공정 기술 소형화·집적화 기술	융합설계 기술 반도체 고집적화 기술
주력 제품	라디오 흑백 TV 진공관 수동 부품	컬러 TV 라디오카세트 전자교환기 수동 부품	컬러 TV, VCR 전자레인지 냉장고 모니터 오디오	대형 컬러 TV, VCR 전자레인지 모니터, CDP DVD, PC, CD-롬, 메모리 반도체	휴대전화 디지털 TV MP3 플레이어 TFT-LCD, PDP 플래시 메모리, D램
전략	대량 생산	품목의 다양화 대량 생산	질적 고도화	세계적 첨단 기술개발	선도 기술개발

자료: 주대영(2006).

을 하는 시기에 전자산업은 기술적으로 아날로그 시대에서 디지털 시대로 변하고 있었다. 컴퓨터의 등장으로 시작된 디지털 기술은 1970년대에 유선통신 교환기, 1980년대에 음향기기와 비디오게임, 1990년대에 영상기기와 이동통신으로 점차 확산되었다. 이하에서는 한국이 기술 추격에 성공하여 세계 시장을 선도하고 있는 HDTV 및 디스플레이, 메모리 반도체, 이동통신 부문에서의 기술 추격 과정을 살펴본다.

HDTV와 디스플레이

1960~1970년대에 한국의 전자산업은 가정용 기기

중심이었으며, 라디오 설계와 생산으로 시작하여 그것을 토대로 좀 더 복잡한 부품 및 기술이 요구되는 TV 생산에 진출하였다. TV는 오디오와 비디오, 통신까지 관련되어 있어 기술적으로 확장성이 큰 분야였다. LG전자의 전신인 금성사는 1966년 8월에 최초의 진공관식 흑백 TV를 출시하고 1969년에 최초의 트랜지스터 TV를 생산하였다. 1974년에 아남산업이 일본 나쇼날의 기술과 부품을 사용하여 컬러 TV를 최초로 생산하고 뒤이어 삼성전자와 LG전자가 1976년과 1977년에 컬러 TV를 생산하였다. 한국은 1980년에 흑백 TV 세계 최다 수출국이었으며(한국공학한림원 2019) 컬러 TV는 1980~1990년대 가정용 기기 생산에서 가장 큰 비중을 차지하였다.

TV 생산이 증가하였지만 필요한 칩(반도체) 등의 핵심 부품을 거의 일본에서 수입하고 있어 생산 기술은 모방적 단계에 있었다고 할 수 있다. 그런 모방적 단계임에도 불구하고 기술자들은 리버스엔지니어링과 기술 도입을 통해 조립 생산과 제품개발에서 상당히 높은 수준의 명시적 지식뿐 아니라 묵시적 지식을 축적하였다(Kim 1997). 흑백 TV와 컬러 TV 부문에서 축적한 생산 기술과 제품개발 능력은 가전제품의 설계가 디지털 방식으로 바뀌더라도 지속적으로 활용될 수 있는 보완적 자산이었다. 그러나 조립 생산 기술이 높은 수준에 도달하였음에도 불구하고 핵심 원천 기술은 여전히 외국에 의존하는 한계를 갖고 있었다(송위진·이근·임채성 2004).

기술의 추격 단계에서 선도 단계로 발전하게 된 결정적 계기는 정부와 기업이 공동으로 추진한 HDTV 개발 사업이었다. HDTV는 화질의 선명도를 크게 향상시킨 TV로서, 컬러 TV 기술을 기초로 하며 그 연장선에 있었다. HDTV 기술이 정보산업과 전자산업 발전의 핵심이라는 인식하에 일본은 이미 1970년대부터 HDTV 개발에 착수하였으며 88올림픽 때 제품을 시연함으로써 세계의 주목을 받았다. 일본은 HDTV 개발 사업에 거액을 투자하여 상당한 기술력을 보유하였으며, 유럽과 미국도 산업 연관 효과가 큰 HDTV 개발에 돌입하였다.

미국은 세계 최대 TV 시장이지만 산업적 기반이 약한 반면 한국은 국내 시장이 작지만 산업적 기반이 강하고 TV 수출 물량으로는 세계 최고 수준이었다. 따라서 한국은 HDTV 기술개발에 나설 충분한 유인이 있었다. 이에 국내 기업이 차세대 TV인 HDTV 개발을 위한 기초연구를 진행하였으나 개발에 막대한 자금이 필요하여 개별 기업이 독자개발을 추진하기에는 위험이 컸다. 이에 1988년에 민간 전문가 그룹이 개발계획서를 정부에 제출하였고 정부는 HDTV 개발을 공업기반기술 개발 과제로 고시하였다. 이후 1989년 3월에 전자공업진흥회가 업체들과 함께 HDTV 개발 추진계획을 수립하고 정부의 협조를 요청하자 정부는 업계와 함께 HDTV 개발을 추진하기 위해 'HDTV 공동개발추진위원회'를 구성하고 'HDTV 수상기공동개발사업계획'(1990. 7~1994. 6)을 수립하였다(한국공학한림원 2019; 한국전자산업진흥회 1999). 당시 선진국도 HDTV를 개발하는 중이어서 부품 및 제작에 필요한 시설의 공급을 기피하였기 때문에 한국은 모든 기술을 자체 개발해야 하였다.

사업은 상공부가 과기처의 협조 지원을 받아 총괄하고 생산기술연구원(KITECH)이 주관하며(후에 주관이 KETI로 변경) 삼성전자, LG전자, 현대전자, 대우전자 등의 업체와 학계가 참여하였다. 필요한 예산은 정부와 민간이 각각 반을 부담하기로 하였으나 실제 투입된 연구개발비 총 873억 원 중에서 민간이 60%를 부담하였다. 사업은 크게 신호처리 방식, 디스플레이,

반도체 칩 설계의 세 분과로 나누어 수행되었다. 그러나 아날로그 TV와 디지털 TV를 구분하는 핵심 기술인 신호처리 방식의 국제 표준이 아직 정해지지 않았기 때문에 1차 연도(1990. 7~1991. 6)에는 아날로그 방식과 디지털 방식을 모두 진행하였으나(복수병렬 방식),• 2차 연도부터 미국 벤처기업 GI(General Instruments)의 디지털 신호처리 기술을 상용화하는 기술개발을 추진하였으며, 3차 연도에는 수상기 시제품을 만드는 것에 중점을 두었으며, 4차 연도에는 고성능 디지털 신호처리를 위한 시스템 반도체 개발과 디스플레이 기술 구현에 집중하였다. 사업기간 동안 국내외 총 1,656건의 특허출원을 하고 계획보다 6개월을 단축한 1993년 10월에 HDTV 시제품을 생산하였다.

HDTV 신호처리 방식: 6개의 방식 중 4개는 디지털 표준이었고, 2개는 아날로그 표준이었다. 아날로그 표준은 일본의 MUSE와 유럽의 HD-MAC(Multiplexed Analog Component)이며 디지털 표준은 미국의 GI-MIT, Zenith, RCA, Faroudja가 개발한 것으로서 각각 삼성, LG, 대우, 현대전자가 연구중이었다(송위진·이근·임채성 2004).

HDTV 수상기 개발에 이어 1995년 말부터 HDTV 주문형반도체(ASIC) 개발 사업이 진행되었으며 이 사업은 제2단계 G7 프로젝트에 포함되었다. ASIC 개발 사업에는 KETI와 4사(섬성전자, LG전자, 현대전자, 대우전자)가 참여하여, 1997년에 LG전자가 디지털 HDTV 방송수신용 핵심 IC를 개발하고 KETI도 HDTV 수상기용 ASIC 시제품을 만들어 성능시험에서 호평을 받았으며, 1998년에 LG전자는 두 개의 칩을 하나로

집적한 수신용 2세대 칩을 상용화하고, 삼성전자는 그래픽 처리 프로세서 등 6종류의 반도체로 구성된 핵심 칩셋을 개발하였으며, 대우전자는 영상신호 변환 IC를 하나에 집적한 영상신호 칩을 개발하였다(한국전자산업진흥회 1999: 299).

이상의 HDTV 수상기 및 주문형반도체 공동연구개발 사업은 디지털 TV 관련 지식 기반을 구축하는 구심점이 되었다. 기업들은 불확실성이 큰 기술의 개발에 수반되는 위험을 분담함으로써 디지털 TV 생산에 필요한 지식을 공동으로 창출하고 신기술을 개발하였다. 1996년 말에 미국이 1998년부터 지상파 디지털 TV 방송을 시작한다고 발표하면서 수요의 불확실성이 사라지자, 업체들은 개발 지식을 공유하면서도 시장을 선점하기 위해 서로 치열하게 경쟁하였다. 삼성전자가 1998년 10월에 세계 최초로 디지털 TV 양산에 성공하여 수출하고 LG전자가 유럽 규격을 최초로 상용화하여 영국에서 시장 점유율 1위를 차지하면서, 한국은 1999년부터 디지털 TV와 칩셋을 본격적으로 수출할 수 있었다(한국전자공업진흥회 1999).

한국 기업은 디지털 TV에 대한 충분한 역량과 핵심 지식 기반이 부족하였지만 컬러 TV 생산 경험과

컬러 TV와 디지털 TV 생산공정: 디지털 TV는 신호 수신 및 검색 부분을 제외하면 아날로그 TV 기술을 사용할 수 있어 생산공정의 60% 정도가 유사하였다. 따라서 기업들은 이미 디지털 TV 생산에 필요한 엔지니어링 역량을 어느 정도 갖고 있었다고 할 수 있다(송위진·이근·임채성 2004; Lee, Lim, and Song 2005).

디지털 TV 원천 기술 접근: 삼성전자는 미국에 지사를 설립하여 DSRC 및 RCA 사로부터 디지털 신호처리와 ASIC 설계 지식을 갖고 있는 기술자를 충원하고 GI와 디지털 TV 공동 프로젝트를 진행하였으며, LG전자는 제니스의 지분을 갖고 있어 연구원을 파견하여 디지털 신호 관련 핵심 기술인 VSB를 이용하거나 도움을 받았다.

같은 보완적 자산을 가지고 있었다.• 기업은 TV 개발 경험이 있는 내부 인력과 국내외에서 충원한 박사인력으로 개발팀을 구성하여 기술 흡수를 위한 조건을 구축하였으며, 해외에 R&D 기지 설치 및 외국 기업 인수를 통해 외국의 원천 기술에 접근하여• 디지털 TV 반도체를 개발할 수 있었다. 반면, 아날로그 기술의 최강자인 일본은 1980년대 이래로 아날로그 HDTV 시스템을 만들고 그것을 국가 표준으로 채택하는 등, 기존의 아날로그 패러다임에 집착하여 디지털 TV 개발에 소극적이었다. 일본이 디지털 TV 개발에 착수한 것은 한국보다 3년이나 늦은 1994년이었다. 즉, 일본이 아날로그 패러다임 속에서 디지털 TV 개발에 소극적이었던 것과 달리, 한국은 구기술에 대한 몰입이 덜하였다는 점이 디지털 기술 추격에 유리하게 작용한 것으로 보인다.

한편, HDTV 공동개발 사업이 3차 연구까지는 디스플레이 분야에서 브라운관(CRT)을 포함하였으나 4차 연구에서는 CRT를 배제하고 PDP와 LCD만을 포함하였다. 이때 축적한 기술은 차세대 디스플레이 개발 사업으로 이어졌다. LCD는 고품질 이미지를 생성하기 위해 액정을 사용하는 평판 디스플레이이다. 한국과학기술연구원(KIST)에서 1973년에 탁상용 LCD 전자시계를 개발하였고 1976년에 삼성전자와 올림포스전자가 LCD를 수입해서 만든 액정 손목시계를 시판하였으며 이때 일본 기업으로부터 기술을 습득하였다. 일본은 이미 TFT-LCD●를 컬러 TV에 사용 중이었으나 한국은 개발 초기 단계여서 일본에 크게 뒤떨어져 있었다.

TFT-LCD: 박막 트랜지스터(TFT)를 이용하여 화질을 향상시킨 LCD로서, 1968년에 미국 RCA가 개발하였으며, 일본에서 1982년에 컬러 TV용 패널로 개발되어 1984년에 최초로 2.7″ 컬러 TV, 1988년에 14″ 컬러 TV용이 만들어졌다. TFT-LCD는 '광원-수직 편광판-유리기판-TFT-액정-컬러필터-유리기판-수평 편광판'의 적층구조로 되어 있다. TFT-LCD 설비의 대부분은 유리기판 위에 TFT를 만드는 어레이 공정과 관련되어 있다. 어레이 공정은 '세정-박막 형성-패턴 형성-에칭'의 과정이며 웨이퍼 위에 반도체 소자를 만드는 공정과 유사하다. TFT가 그려지는 유리기판의 크기가 세대를 구분하는 기준이며 세대가 바뀔 때 디스플레이 시장의 호황과 불황이 반복된다.

CRT를 만들던 삼성전관은 1982년 TFT-LCD 연구조직을 만들었으며 1991년 1월에 삼성전자가 삼성전관으로부터 LCD 사업을 인수하면서 본격적인 개발에 들어가 1992년에 국내 최초로 10.4″ TFT-LCD 개발에 성공하였다. TFT-LCD는 한 장의 유리기판에서 생산되는 패널의 개수와 화소 밀도를 높이는 것이 중요한 기술이며 패널 크기를 둘러싼 경쟁이 치열하였다. 1990년대 중엽에 TFT-LCD의 선두주자인 일본의 샤프는 2세대 기판(370×470mm^2)에 10.4″ 패널 4매를 생산하다가 2.5세대 기판(400×500mm^2)에 11.3″ 패널 4매 생산으로 이행 중이었으나, 삼성은 11.3″를 뛰어넘어 3세대 기판(550×650mm^2)에 12.1″ 패널 6매를 생산하였다. 삼성의 12.1″ 제품에 대해 샤프는 13.3″ 신제품을 출시하였으나 삼성은 그것을 뛰어넘어 3.5세대

기판(600×720mm²)에 14.1″ 패널 6매를 생산하여 그것으로 제품을 표준화함으로써 일본을 추월하였으며, 1997년에는 패널 크기의 한계로 생각되는 30″급 초대형 TFT-LCD를 세계 최초로 개발함으로써 기술력을 과시하였다(한국공학한림원 2019: 118, 122).

처음에 TFT-LCD는 주로 노트북용으로 개발되었으며, HDTV용은 1990년대 중엽에 개발되었으나 상용화에 이르지 못하다가 2004년에 6세대부터 양산되었다. 생산성 향상과 넓은 유리기판에 적합한 공정을 위해서는 장비의 대형화와 자동화가 필수적이며, 세대가 바뀔 때 공급 과잉 및 가격 하락이 나타나며, 그런 불황기에 오히려 차세대 설비투자를 함으로써 호황기에 최대한 빨리 공급을 확대하는 것이 중요하였다. 삼성전자와 LG필립스(LG와 필립스의 합작사)는 1990년대 후반의 불황기에 적극적인 설비투자로 생산 라인을 증설함으로써 투자를 주저한 일본 기업을 제치고 마침내 업계의 1, 2위가 되었다(한국공학한림원 2019: 113).

정리하면, 컬러 TV 생산을 통해 축적한 신호처리 기술과 디스플레이 기술은 HDTV 개발 사업 성공의 강력한 기반을 제공하였다. HDTV의 국제 표준이 디지털 방식으로 정해진 것도 유리하게 작용하였다. 또

|표 15| **국가별 LCD 기술 수준 비교**

	한국	일본	미국	대만	EU
개발	30″	28″	12.1″	12.1″	5″
패널 크기/수율	10.4″~18″/90%	10.4″~20″/90%	상업화 미달	양산 준비	상업화 미달
소재·부품·장비	취약	우수	보통	취약	우수

자료: 산업자원부(2000: 191).

한 정부출연연구소가 주관하는 공동 연구개발에 의해 디지털 신호처리의 원천 기술을 상용화하였으며 병렬적 기술개발 방식이 기술 선택의 위험과 불확실성을 줄였다. HDTV 개발 사업은 이후 대형 TFT-LCD 기술개발로 이어졌다. 한국은 적기에 과감한 설비투자를 통해 TFT-LCD 모듈 양산과 수율에서 세계 1위의 생산국이 되었다. 산업자원부(2000)의 분석에 의하면 일본의 TFT-LCD 경쟁력은 브랜드 인지도와 부품·소재 및 장비 인프라에 있고, 한국의 경쟁력은 높은 생산성과 생산 능력(capacity) 및 신기술에 있으며, 대만의 경쟁력은 자본집중도와 정부의 전폭적 지원에 있었다. 즉, 3국 중 제조공정에서 가장 앞서 있는 국가는 한국이었다. 그러나 소재·부품·장비의 국산화율이 낮고 LCD의 원천 및 핵심 기술은 미국과 일본에 의존하는 한계를 갖고 있었다.

메모리 반도체

한국공학한림원(2019)은 우리나라 반도체산업 기술 발전을 도입기, 체화기, 선도전환기, 선행도약기, 성숙기로 시기 구분하였다(표 16). 국내에서 반도체 생산은 1960년대 중엽에 외국인 기업이 양질의 저렴한 노동력을 노리고 진출하면서 시작되었다.• 정부는 외국인 기업을 통한 기술 도입을 기대하였으나 수출 증가에 효과적으로 공헌할 기술이 우선되었기 때문에 도입된 것은 조립 기술이었다. 수출은 급속히 증가하였으나 그것의 대부분은 수입 원재료와 부품을 조립한 제품이었다. 따라서 기대한 반도체 기술 이전 효과는 별로 없었지만 그러나 기능 인력이 많이 배출되고 반도체에 대한 국내 기업의 관심이 높아졌다. 국내 기업은 반도체 사업에 진출하여• 부가가치가 낮은 후공정의 조립 기술을 상당 정도 축적할 수 있었으며 아직 회로설계 기술과 웨이퍼 가공 기술을 갖지는 못하였다.

국내에서 반도체에 대한 연구는 1973년에 KIST의 반도체장치연구실이 TV용 반도체를 개발하는 것에서 시작되었다. 반도체장치연구실은 반도체기술개발센터로 확대 개편되었으며, 센터의 인력이 주축이 되어

외국인 반도체 기업: 1965년 12월에 미국의 코미(Komy)가 합작투자로 설립한 고미전자산업(주)과 1966년 4월에 진출한 미국의 페어차일드(Fairchild)가 트랜지스터와 다이오드를 조립 생산하였다. 그리고 그 해 7월에는 시그네틱스(Signetics)가 투자하여 IC와 다이오드를 조립 생산하였고, 12월에 한국마이크로전자(주)가 트랜지스터, IC, 다이오드, 메모리 등 반도체 부품의 조립 생산에 착수하였다. 1967년에는 미국의 모토로라(Motorola), IBM 등이 직접투자를 하는 등, 글로벌 반도체 기업들의 한국 진출이 활발하였다(김수연·백유진·박영렬 2015).

국내 기업 반도체 사업 진출: 1969년에 금성사의 자회사인 금성전자(1973년에 금성사로 합병)가 반도체 사업을 시작하고, 1970년에 아남산업이 미국 업체와의 기술 제휴로 트랜지스터, 다이오드, IC 등을 조립 생산하였다.

|표 16| 우리나라 반도체산업의 기술 발전 시기 구분

	기술도입기 (1965~1973)	기술체화기 (1974~1981)	기술선도전환기 (1982~1991)	기술선행도약기 (1992~1997)	기술성숙기 (1998~현재)
성장 단계	외국계 기업의 조립가공	국내 기업의 개별 소자와 웨이퍼 가공	메모리 분야 본격적 사업 개시	메모리 분야 세계 리드	메모리 구조조정 및 시스템 반도체 육성
기술 단계	조립 기술	웨이퍼 가공 기술	제품 기술과 공정 기술 개발	메모리 기술 세계 선도	시스템 반도체 기술 습득
제품개발	조립가공	시계용 칩, 트랜지스터	64K, 256K, 1M, 4M, 16M D램	64M, 128M, 256M, 1G D램	16G, 1T D램, 낸드 플래시, SoC
기업 형태	다국적 기업	중견기업	대기업	대기업	대기업, 벤처

자료: 한국공학한림원(2019: 50).

1976년 12월에 한국전자기술연구소(KIET)가 출범하였다. 동 연구소는 1977년에 LSI 설계 기술과 CMOS 공정 기술 개발의 기반을 구축하였다.

한편 삼성이 인수한 한국반도체[•]가 1975년 9월에 전자 손목시계용 칩 KS-5001을 개발함으로써 한국은 세계에서 네 번째 CMOS와 LSI 생산국이 되었다. 한국반도체는 트랜지스터(TR)의 원리를 이해하고 선진국의 제품을 분해하여 회로구조와 제조공정을 익혔으며 마침내 1977년 6월에 흑백 TV와 오디오에 사용되는 TR 10종을 개발하였다. 삼성이 1977년 말에 한국반도체의 외국인 지분까지 인수하고 삼성반도체로 사명을 변경한 후 1978년 7월에 선형집적회로(Linear IC) KA-2101을 개발하였다. 삼성전자는 전자제품과의 유

한국반도체: 모토로라에서 근무한 반도체 엔지니어 강기동 박사가 설립한 미국 법인(ICII)과 통신장비 수입판매사인 KEMCO의 합작으로 설립된 회사.

기적인 개발을 위해 1980년 1월에 삼성반도체를 합병한 후 1981년 11월에 컬러 TV용 색신호 IC를 개발하였다. 손목시계용 CMOS와 그에 이은 IC 개발은 국내 반도체 기술을 LSI급으로 향상시켰으며 VLSI 반도체를 개발하는 발판이 되었다. 비록 선진국보다 많이 늦었지만 삼성전자는 회로설계부터 조립에 이르는 전 공정을 자체 수행하면서 반도체 제조공정의 문제점을 학습하였으며 웨이퍼 가공에서 조립 생산까지 일관 생산 체제를 갖게 되었다(송성수 1998: 158~162).

삼성전자 외에 대한전선, 아남산업 등 다른 기업도 반도체 사업에 진출하고자 하였으나 선진국이 반도체산업을 첨단전략산업으로 인식하고 기술의 해외 이전을 기피하거나 투자와 기술 이전에 대해 한국의 의도와 양립하기 어려운 조건을 요구하였기 때문에 대부분 사업계획을 취소하였다(윤정로 1990). 1980년대 초에 선진국은 이미 VLSI 기술을 확보한 반면, 국내 기업은 리스크가 큰 반도체 사업에 진출하기를 주저하였다. 그러나 정부는 반도체산업을 전자산업 고도화의 핵심 및 수출 주도 산업으로 육성한다는 방침하에 3대 핵심 전략산업의 하나로 선정하고, '반도체공업육성계획'을 세워 저리의 자금 대출 등의 지원을 함으로써 반도체산업에 대기업들이 진입하도록 유인하였다. 또한 반도체 국산화 연구에 집중한 KIET는 미국 VTI(VLSI Technology Inc.)로부터 롬(ROM) 개발에 필요한 기술을 도입하여 그 기술을 바탕으로 마침내 1983년 4월에 국내 최초로 32K 롬 회로설계 기술과 공정 및 시험 기술을 개발하였다. 이는 비록 외국 기술에 기초한 것이지만 국내 최초의 롬 개발이며, 이후 64K, 128K, 256K 롬 개발로 이어졌다. 이러한 성과는 국내 기업들에게 기술개발의 자신감을 심어 주는 계기가 되었다(한국공학한림원 2019: 54~55).

정부의 반도체공업육성계획 발표 이후 현대 그룹이 반도체산업에 진출하기로 하자 일찍이 반도체 생산의 경험이 있는 삼성 그룹과 LG 그룹도 즉각 반응하였다. 이들 그룹은 과감한 설비투자를 함으로써 반도체의 일관공정 대량 생산 및 자립연구개발 체제를 갖추고 선진국을 추격할 수 있는 기반을 마련하였다. 현대는 1982년 4월에 5년간 3,000억 원 규모의 반도체 생산시설 투자계획을 발표하였으며, 삼성은 1981년에 생산시설 확충에 90억 원을 투자하기로 하고, LG도 1984년까지 웨이퍼 생산시설에 380억 원을 투자한다고 발표하였다(윤정로 1990).

삼성반도체통신은 당시 일본이 세계 시장을 지배하고 있는 D램 메모리 반도체 사업에 진출하기로 하였다. 회로가 복잡한 시스템 반도체에 비해 메모리 반도체는 생산 기술의 많은 부분이 장비에 체화되어 있어 대량 생산을 위한 설비투자만 할 수 있다면 선진국과 경쟁이 가능하기 때문에 대기업이 진출하기 좋은 분야였다(吉岡英美 2012). D램 반도체는 경쟁이 치열하고 경기변동이 심하며 제품의 수명주기가 짧고 막대한 투자가 필요하다는 단점이 있지만, 반도체 시장에서 가장 큰 비중을 차지하며 표준화된 제품으로서 대량 생산이 가능하고 아키텍처•가 간단해서 설계 면에서 접근이 용이하며 기술개발 경로(초집적화·고속화를 위한 미세공정 기술)가 명확하다는 장점이 있다.

아키텍처: 반도체 생산 기술은 제품설계, 구조설계, 공정설계 기술로 구분되며, 제품설계와 구조설계의 연관성을 제품 아키텍처, 구조설계와 공정설계의 연관성을 공정 아키텍처라 한다.

삼성은 1K, 4K, 16K를 건너뛰고 바로 64K D램 반도체를 개발하기로 결정하였다. 당시 세계적으로 가장 앞서 있는 업체가 256K를 개발하고 양산에는 이르지 못한 상태였으며 64K가 16K를 대체하는 중이었으므로 삼성은 최첨단 기술에 도전한 셈이었다. 기술개발을 위해 삼성은 국내와 미국 현지법인을 설립하였으며, 이미 어느 정도의 수준에 도달한 조립 기술은 자체적으로 개발하고 공정 기술과 검사 기술은 일본의 샤프로부터 제공받고 설계 기술은 미국의 마이크론(Micron)으로부터 제공받기로 계약하였다. 조립 기술은 마이크론으로부터 3,000개의 칩을 구입하여 리버스엔지니어링 방식으로 개발하였다. 대부분의 공정은 1974년 이래로 축적해 온 기술을 응용할 수 있었지만 핵심적인 8개 공정은 경험이 없는 상태였기에 많은 시행착오를 거쳐야 하였다. 마침내 1983년 11월에 64K D램 반도체를 개발함으로써 한국의 반도체 기술은 LSI에서 VLSI급으로 격상되었으며 선진국과 10년 이상이던 격차가 일거에 3년 정도로 단축되었다(송성수 1998).

삼성은 제품개발에 성공하기 전에 생산 라인을 착공함으로써 양산 기술 확립에 걸리는 기간을 단축시켰다. 64K 생산을 위한 제1라인을 1983년 9월에 착공하여 6개월 만인 1984년 3월에 완공하였다. 256K 개발은 1984년 3월에 시작하여 1984년 10월에 성공하였는데, 256K 생산을 위한 제2라인 건설은 제1라인 착공 2개월 후인 1983년 11월에 이미 검토에 들어갔다. 1M의 경우에는 개발 착수 전인 1985년 2월에 이미 시작(試作) 라인을 건설하기 시작하였다. 이처럼 삼성은 각 단계의 개발기간을 단축하였을 뿐 아니라 생산 라인을 신속하게 건설하여 개발 후 양산까지 걸리는 기간을 수개월 또는 1년 이상 단축함으로써 선진국과의 기술 격차를 빠르게 축소시켰다.

생산 라인의 건설에 막대한 투자를 하였지만 삼성의 64K 반도체 생산이 임박한 1984년 말부터 세계적인 공급과잉과 일본 기업의 덤핑으로 반도체 가격은 폭락하였다. 게다가 1986년에 삼성은 미국 TI(Texas Instrument)의 특허 제소로 엄청난 배상금을 지불해야 하였다. 1985~1986년에 삼성의 생산시설 가동률은 30%에 불과하였고 손실은 2,000억 원에 달하였다. 그럼에도 불구하고 삼성은 제2라인과 1M 반도체 생산을 위한 연구개발 및 설비투자를 감행하였다. 다행히 1985년 말에 미·일 간의 반도체 무역협정이 체결되어 일본이 반도체 생산을 축소하면서 반도체 가격 폭락 사태는 어느 정도 해소되기 시작하였고 1987년부터 반도체 시장은 호전되었다.

삼성은 64K의 경우 설계 기술과 공정 기술 모두를 도입하였지만 256K는 설계 기술만 도입하고 공정 기술을 자체 개발하였다. 64K를 개발한 경험이 256K의 회로 미세화에 따른 공정상의 문제를 해결하는 데 기여하였다. 256K를 개발한 후에 미국 현지법인(삼성반도체연구소)이 회로설계를 자체 개발하자 도입 기술에 기반한 제품을 자체 설계에 의한 제품으로 교체하였다. 삼성은 256K를 개발하고 얼마 지나지 않아 1M 개발에 착수하였다. 1M D램은 선진국 기업이 샘플 제공조차 기피하여 모든 것을 독자 개발해야 하였으나 개발 착수 6개월 만에 설계를 완료하고 11개월 만에 양품(良品)을 생산하였다. 삼성은 미세공정 기술만 향상시킨 것이 아니라 생산과 수율에 영향을 주는 웨이퍼의 크기를 256K에서 6인치, 16M에서 8인치로 점차 확대하였으며, 4M부터는 집적도를 높이는 적층 방식에 스택 공법을 채택하는 등의 기술 혁신을 하였다(송성수 1998).

당시 미·일 간 반도체 전쟁은 한국의 진출에 유리하게 작용하였지만 이러한 한국의 추격에 대응하여 미국과 일본은 기술보호주의를 강화하였다.• 미국 TI의 특허소송에서 삼성이 패소한 것을 계기로 국내 기업은 기술 자립의 필요성을 절실히 인식하였다. 1M D램의 개발까지는 이미 선진국에서 완성된 기술을 추격하는 입장이었지만 4M D램은 선진국에서도 개발 중인 것이어서 기술 도입이 불가능하므로 우리가 독자적으로 개발해야 하였다. 그러나 기업 단독으로 이

미·일 기술보호주의: 1984년 11월에 미국이 반도체 칩 보호법을 최초로 제정하고, 일본도 1985년 5월에 반도체 칩 보호법을 제정하여 자국 기술에 대한 보호를 강화하였다.

반도체연구조합: 1984년 기술진흥확대회의에 전자업계 대표로 참석한 전자공업진흥회 강진구 회장이 일본의 VLSI개발 계획처럼 정부와 업계가 공동개발해야 한다는 점을 대통령에게 건의하였으며, 이후 반도체 공동개발의 필요성을 인식하고 삼성반도체통신, 금성반도체, 현대산업이 주축이 되어 반도체연구조합을 결성하였다(전자공업진흥회 1999: 153~154).

를 감당하기에는 위험이 매우 컸기 때문에 공동개발이 요구되었다. 이에 정부는 1986년 4월에 삼성반도체통신, 금성반도체, 현대전자를 주축으로 반도체연구조합•을 결성하고 상공부와 과기처의 안을 조정하여 7월에 국가적 차원의 프로젝트로 4M D램 반도체 개발을 위한 '초고집적반도체기술공동개발사업'(1987. 7~1989. 3)을 출범시켰다.

이는 대규모 산·학·연 공동연구가 본격적으로 진행된 첫 사례였다. ETRI가 사업을 총괄 관리하며 반도체연구조합의 3사(삼성반도체통신, 금성반도체, 현대전자)가 설계 및 생산 기술을 개발하며 서울대 부설 반도체연구소가 인력 양성과 기초연구를 하는 역할을 하였다. ETRI는 3사와 함께 연구계획을 수립하고 반도체 생산에 필수적이고 난이도가 높은 설계 기술과 기초 기술을 업체와 분장하여 개발하며 참여업체는 공동으로 개발한 기술을 공유하면서 각자 4M D램 제조 기술을 개발하기로 하였다. 정부는 연구개발 결과에 대한 평가에 따라 연구비를 차등 지원함으로써 업체 간 경쟁을 자극하였다. 계획상의 목표는 1989년 3월까지 개발하는 것이었지만 그동안 모방에서 개발 단계로 빠르게 이행하면서 많은 기초 기술을 확보

|표 17| D램 반도체업체 세계 시장 점유율 순위

	1975	1981	1987	1993	1998(%)
1	인텔	Mostek	도시바	삼성전자	삼성전자(20.1)
2	TI	후지쯔	NEC	히타치	현대전자(12.4)
3	Mostek	NEC	미쓰비시	도시바	마이크론(9.2)
4	NEC	히타치	TI	NEC	NEC(9.1)
5	모토로라	TI	히타치	IBM	LG반도체(8.4)
6	Fairchild	NS	후지쯔	TI	도시바(7.9)
7	NS	모토로라	삼성	미쓰비시	지멘스(7.8)

주: NS는 National Semiconductor, TI는 Texas Instrument.
자료: 송성수(1998: 152); 황혜란·신태영(2000: 13).

한 삼성이 가장 먼저 1988년 2월에 양품을 생산하는 데 성공하였으며, LG와 현대도 그 뒤를 맹렬히 추격하였다.•

삼성은 4M에 이어 16M와 64M D램 개발도 동일한 방식으로 진행하였으며 기술 선행도약기의 시작점인 1992년에 64M D램을 세계 최초로 개발하였다. 삼성은 4M D램을 개발한 팀을 64M 개발에 투입하고 16M를 개발한 다른 팀을 256M 개발에 투입함으로써 두 세대의 제품을 동시에 개발하는 방식을 활용하였다. D램 반도체 부문에서 국내 3사는 기술의 주도권을 잡고 마침내 세계 시장을 장악하였다(표 17). 1990년에 한국의 전자제품 수출의 26.3%를 차지하였던 반도체 수출 비중은 1998년에 44%로 상승하였다(송성수 1998).

LG와 현대의 반도체 개발: 금성반도체는 1985년에 미국, 일본에 이어 세계 세 번째로 1M 롬을 개발하였다. 금성반도체의 반도체 부문만을 분리하여 설립한 금성일렉트론(1995년에 LG반도체로 변경)은 1990년에 1M, 1991년에 4M D램을 잇따라 개발하며 삼성전자와 치열하게 경쟁하였다. 현대전자는 1985년에 256K D램 양산 체제를 갖추었고, 1988년에 1M D램, 1989년에 4M D램을 개발하는 데 성공하였다.

메모리 반도체산업의 기술 혁신은 공정 기술과 관련된 것이 대부분이었다. 1994년에 반도체 부문 국내 특허출원 총 4,889건 중에서 국내 기업이 68%를 차지하고 공정 기술이 92%였다(Kim 1997). 메모리 반도체의 조립 기술과 공정 기술은 세계 최고였고 설계 기술은 선진국의 95%, 기초 기술은 선진국의 80% 수준이었다(송성수 1998). 한국은 메모리 반도체에서 수율 향상과 공정 개선으로 세계 최고 수준의 경쟁력을 보유하게 되었지만, 메모리 반도체보다 시장 규모가 훨씬 큰 시스템 반도체 부문은 미·일의 업체가 지배하고 있었다. 선진국의 기술 수준과 비교하여 한국의 공정(웨이퍼 가공) 및 조립(패키징) 기술은 100이며 기초 기술과 설계 기술은 메모리 반도체 경우에 90, 100이지만 시스템 반도체 경우에 50, 50 정도에 불과하였다(산업자원부 2000: 174).

메모리 반도체 기술 추격에 성공할 수 있었던 이유는 다음과 같다. 첫째, 삼성은 VLSI 생산 이전에 이미 한국반도체를 인수한 후 소규모이지만 LSI를 생산한 경험이 있었다. 반도체 생산은 웨이퍼 생산, 회로설계, 웨이퍼 공정, 조립의 4단계로 나누어지며, 메모리 반도체에서는 웨이퍼 공정이 중요하며 회로설계 자체도 웨이퍼 공정을 염두에 두고 수행된다. 웨이퍼 공정 기술의 핵심은 선 폭의 미세화와 수율 개선에 있다. 따라서 양산에 적합하도록 공정을 설계하고 대량 생산 기술을 확보하며, 좋은 화학용액과 장비와 웨이퍼를 다룰 수 있는 숙련이 매우 중요하다. 삼성은 LSI 생산에서 축적한 공정 기술에 외국 기술을 도입하여 VLSI급 64K 반도체를 생산할 수 있었으며, 이후 256K, 1M 반도체를 개발하는 과정에서 설계 기술까지 습득하였다(김충기 1986).

둘째, 메모리 반도체는 회로설계가 시스템 반도체에 비해 단순하며 공정 기술의 상당 부분이 장비에 내재화되어 있었다(吉岡英美 2012). 이 때문에 한국의 대기업은 메모리 반도체에 진출하여 단기간에 선진국의 기술을 추격할 수 있었다. 메모리 반도체는 장비에 대한 설비투자가 중요하므로 지속적으로 막대한 투자를 할 수 있는 대기업이 진출하기에 적합하였다. 또한 대량 생산이 가능하며 부품이지만 설계부터 생산까지의 전 과정이 일관 생산 시스템으로 통합되어 있어 기업의 브랜드 가치를 나타낼 수 있다는 점에서 장점이 있었다. 반면, 당시에는 아직 팹리스-파운드리의 분업•이 보편적이지 않아 오늘날 대만 기업이 장악하고 있는 파운

팹리스-파운드리의 분업: 생산 라인(Fab) 없이 반도체의 설계·판매만 하는 회사(팹리스)와 그로부터 위탁을 받아 반도체를 생산·공급하는 회사(파운드리)의 수직적 분업 체계를 말하며, 반도체 제조 기술의 많은 부분이 모듈화되고 공개되면서 가능하게 되었다. 대만의 반도체산업은 파운드리에 착안하여 성공할 수 있었다.

드리 사업은 이제 막 시작되고 있었다.

교환기와 이동통신기기

1970년대에 교환기 용량 부족 문제로 인해 전화통신의 심각한 적체 현상이 있으면서 대용량 교환기로의 전환이 필요하게 되었다. 이에 대해 체신부는 디지털 교환기의 개발을 주장하였으나 교환기 제조업체, 체신부, 경제기획원 사이에 의견이 서로 달랐다. 마침내 1976년 2월에 경제장관간담회는 아날로그 반(半)전자교환기를 도입하고• 디지털 전(全)전자교환기의 자체 개발을 그것과 연계하는 것으로 조정하였다(이상철 2013). 이런 과정을 거쳐 시작된 시분할 전전자교환기 TDX(Time Division Exchange) 개발계획은 1977~1991년에 추진된 대표적인 국책연구개발 사업이었다. 이는 당시에 사용되고 있던 기계식 교환기(지멘스의 EMD)에서 아날로그 방식의 반전자교환기 개발 단계를 거치지 않고 바로 디지털 방식의 전전자교환기를 개발하는 사업이었다.

전자교환기 도입 경과: 정부는 반전자교환기를 도입하여 조립 생산하기 위해 KTC를 설립하였으나 삼성에 KTC를 매각한 후에 기종을 추가하고 생산을 4원화하였다(2기종 4원화). 즉, M10CN 기종은 KTC와 동양정밀, 추가된 기종인 No.1A는 금성통신과 대한통신이 생산하기로 하였다. 그러나 전자교환기 사업은 중화학공업 투자조정 대상이 되어 결국 제1기종은 KTC, 제2기종은 금성반도체가 조립 생산하기로 결정되었다.

TDX 개발계획은 KTRI 설립 직후에 수립되었으나 계획이 확정되기 전까지는 디지털 교환기 개발에 대한 정책적 관심이 적었으며 가능성을 확인하는 수준이었다. 구체적인 개발계획은 KTRI와 KERTI의 통합으로 한국전기통신연구소(KETRI)가 탄생하고 정부가 디지털 교환기 국산화를 결정한 후인 1981년 10월에 확정되었다. KETRI는 에릭슨(Ericsson)의 기술을 전수받아 1982~1986년에 소용량 TDX-1을 개발하기로 하고 KETRI가 개발한 시스템을 한국전기통신공사(KT)가 사용하기로 하였으며, 기업은 기술개발에는 참여하지 않고 실용화 단계에 참여하는 것으로 하였다. 당시 기업들은 반도체와 컴퓨터 기술개발에 집중하였으며, 기술적·상업적 리스크가 큰 전자교환기 기술개발에는 회의적이었다(홍성범·김태성 2000: 36~46).

TDX-1 개발은 기술 확보 차원에서 추진된 것이었다. 그것을 실용화하기 위해서는 기업의 참여가 필요하였으며 기술개발의 리스크가 없는 상황이어서 기업도 적극적인 참여의지를 보였다. 이에 KETRI는 1984년 8월에 전자공업진흥회가 추천한 4개 기업(삼성반도체통신, 금성반도체, 대우통신, 동양전자통신)과 TDX-1 기술의 전수 계약을 체결하였다. 그러나 계약 체결 후에 기업은 전자교환기를 개발하기보다 외국으로부터 전자교환기를 도입하는 데 관심을 갖고 시험기 생산에는 미온적이었다. 이에 TDX 사업단이 대우통신에게 인증시험 우선권을 부여하는 조치를 취하자 그때부터 업체들이 생산에 나서 마침내 1986년 3월에 개통에 성공하였다(한국공학한림원 2018: 66~67).

정부 주도의 사업에 기업이 처음부터 참여한 것은 1986년 10월에 체신부와 KT가 확정한 대용량 전전자 교환기 TDX-10 개발 사업(1987~1991)이었다. TDX-1은 민간 기업의 참여 없이 KETRI가 단독으로 개발하였지만, 양산 단계의 TDX-10 개발은 ETRI의 주관하에 4개 참여업체가 TDX-1 기술을 바탕으로 시스템을 분담 개발하고 상호 공유하는 공동연구 방식으로 추진되었다. 즉, ETRI가 기본설계와 종합관리 업무를 맡고 교환기의 기능적 기술 부분은 ETRI와 4개 업체가 분담함으로써, 기술개발은 민간기업이 맡고 ETRI는 기업이 개발한 각 단계의 기술을 통합하고 공유할 수 있도록 관리하는 역할을 하였다.

이상의 TDX 개발 사업은 기업들이 개발 참여에 소극적인 상황에서 정부가 정보통신 인프라 구축이라는 과제를 시급하게 해결하고 기업들이 참여에 소극적인 상황에 대응하여 공격적으로 정책을 구사한 대표적 사례였으며, 선진국 기술 수준에 근접할 수 있는 계기를 만들어 주었다. 또한 TDX-10 개발 방식은 후발국으로서 도입 기술을 내재화하고 추격해 가는 전형적 사례였으며, 이후 전개되는 국가연구개발 사업인 CDMA 기술개발 사업의 기초가 되었다(한국전자산업진흥회 1999).

한국은 TDX 개발 경험에 기초하여, 이동통신 부문에서 1세대 기술을 완전히 체득하기 전에 2세대의 CDMA 방식을 세계에서 가장 먼저 상용화하는 기술 도약의 성과를 보였다. 1세대 이동통신은 아날로그 방식이어서 서비스 사용자 확대에 기술적 한계가 있었다. 1988년 5월부터 한국이동통신(KMT)이 이동통신 서비스 사업을 시작하면서 아날로그 방식인 미국의 AMPS(Advanced Mobile Phone System)를 도입하였으며, 1990년대 초에 삼성이 '애니콜'이라는 브랜드의 이동통신 단말기를 시판하고, LG는 '싸이언'을 개발하였다. 그러나 아날로그 방식으로는 증가하는 이동통신 수요를 충족시킬 수 없었다. 이에 ETRI는 1989년부터 음성, 문자, 영상 등을 전송하는 종합정보통신망 기술인 디지털 이동통신(2G) 시스템 연구에 착수하였다. 디지털 이동통신은 선진국에서도 1980년대 중엽에 개발에 착수할 만큼 새로운 분야로서, 유럽에서는 시분할다

중첩속(TDMA) 방식의 시스템을 개발하기 시작하였다.

디지털 이동통신 개발 사업은 ETRI가 중심이 되어 민간 기업이 참여한 관민 협력 개발 사업이었으며 사업 첫 해인 1989년에는 ETRI가 기본연구를 수행하고 1990년에는 서비스 기준 규격 및 필요한 기술에 대해 분석하면서 TDMA와 CDMA• 중에서 후자로 채택하기로 하였다. 디지털 이동통신 시장이 크게 확대될 것으로 전망되었지만, 기술의 방향에는 최대 시장인 미국의 동향이 무엇보다 중요하였다. 공동연구개발 사업을 시작할 당시에 유럽, 일본, 미국은 모두 이미 상용화가 가능한 TDMA 방식을 채택하였고 CDMA는 TDMA에 비해 음질과 안정성이 우수하지만 아직 시범 단계이고 실용화에 이르지 않았다. 그러나 정부는 해외 업체들을 뒤쫓아 가야 하는 TDMA보다 CDMA에서 국제 경쟁력을 확보할 가능성이 크고 상용화 기술개발로 국내 기업의 기술력을 향상시키는 효과가 있음을 고려하여 원천 기술 보유 기업인 퀄컴과 CDMA 기술의 상용화를 위한 공동 연구개발 사업을 추진하기로 하였다.

사업은 퀄컴과 ETRI 간의 공동 기술개발과 ETRI와 제조업체 간의 공동 기술개발이라는 두 트랙으로

TDMA와 CDMA: 둘 다 디지털 이동통신 기술이다. TDMA는 주어진 회선이나 주파수 대역폭을 일정 시간 간격으로 분할하여 동시에 여러 사용자가 통신하도록 하는 기술이며, CDMA는 신호를 직교(orthogonal) 코드로 바꿈으로써 여러 사용자가 동시에 통신하도록 하는 기술이다. CDMA가 TDMA에 비하여 가입자 수용량이 3~6배이며 통신망 구축이 경제적일 뿐만 아니라 이동통신 서비스의 구현에 유리하다.

진행되었다. 기본 시스템 설계는 ETRI와 퀄컴이 공동개발하고 교환기는 ETRI와 국내 기업이 공동개발하며 단말기는 국내 기업이 각자 개발하는 방식이었다. 1991년 5월에 ETRI와 퀄컴 간에 교환기와 기지국의 설계와 개발을 위한 공동 기술개발 계약이 체결되었다.• 그러나 퀄컴과 ETRI의 공동연구는 구체적인 시스템 설계와 개발에 관한 퀄컴의 기술력이 취약하여 1992년까지도 시스템 설계를 확정하지 못하였다. 이에 ETRI가 퀄컴의 설계를 바탕으로 시제품 KSC-1을 독자 개발하고 그것을 바탕으로 상용 시제품 CMS-2까지 개발하였다. ETRI는 1992년 말에 상용 시스템과 단말기를 개발·제작할 업체로 삼성전자, LG정보통신, 현대전자, 맥슨전자(단말기만 참여)를 선정하였다. 그러나 이들 기업은 퀄컴에 지급해야 하는 기술 사용료와 공동개발 사업을 위한 출연금의 부담 때문에 참여를 주저하였다. 이에 정보통신부와 ETRI는 전전자교환기 시장에 진출할 기회를 노리던 현대전자를 설득하여 공동 기술개발 계약을 맺도록 하였으며, TDX-10 기술이 현대로 넘어가는 것을 원치 않던 삼성과 LG도 마침내 계약을 맺으면서 비로소 개발 사업이 진행될 수 있었다.

퀄컴과의 기술개발 계약: 계약은 두 가지였는데, 하나는 퀄컴과 ETRI의 공동 기술개발 계약이고 다른 하나는 퀄컴과 업체 간의 기술 사용료에 관한 계약이었다. 기술 사용료는 단말기의 경우에 매출의 5%를 넘었다.

사업은 퀄컴과 ETRI가 원천 기술을 바탕으로 플랫폼을 설계하면 그것을 기초로 참여업체들이 각 분야를 분담하여 서브 시스템을 제작·납품하고 ETRI가 전체 시스템으로 통합하여 업체에 전수하는 식으로 추진되었다. 사업 추진 과정에서 CDMA 기술개발에 참가한 업체들 간의 이견으로 효과적인 기술 학습이 지지부진하자 정보통신부는 1995년을 개발 시한으로 정하여 위기감을 조성함으로써 강도 높은 기술 학습이 가능하게 하였으며, 기술개발 과정에 대한 전반적인 조정 활동을 수행할 이동통신기술개발사업관리단을 설치하여 ETRI와 업체들 간의 이견을 조정하고 해소해 나갔다. 인위적인 위기감의 조성은 연구개발의 목표와 방향에 대한 구성원들의 합의 도출을 쉽게 하였다(송위진 2005). 이런 공동 연구개발을 통해 참여업체들은 정보와 지식을 공유할 수 있었으며, 공유 지식에 기초하여 이동통신 시스템과 단말기 개발에서 경쟁하면서 마침내 1996년에 세계 최초로 CDMA 상용화에 성공하고 국내 서비스를 개시하였다.

ETRI를 중심으로 하는 공동개발 사업이 성공할 수 있었던 것은 이미 ETRI와 민간 기업 간에 TDX-10 개발을 성공시킨 경험이 있었기 때문이었다. TDX-10

개발 사업은 디지털 신호처리 및 음성 압축 등 CDMA 방식에서도 사용되는 몇 가지 핵심 기술개발을 포함하고 있었으며, 거대한 통신 시스템을 개발하고 구축하는 귀중한 경험을 제공하였다. 이동통신교환기 시제품인 KSC-1은 TDX-10에 이동시험 시스템을 결합한 것이었다. 다만 ETRI와 민간 기업의 관계가 TDX 개발 당시와는 약간의 차이가 있었다. TDX 개발에서는 ETRI가 기술 공급의 원천으로서 절대적인 존재였으나 CDMA 개발에서는 TDX 개발 경험을 통해 어느 정도 기술을 축적한 업체들이 ETRI의 개발 방식과 시제품의 설계에 대해 문제를 제기하면 ETRI는 그것을 일정하게 수용하고 조정해야 하였다.

CDMA가 이후 디지털 이동통신 기술의 국제 표준이 되면서 한국은 이동통신 단말기 시장에서 강자로 등장하였다. 1990년대 말 미국 CDMA 이동통신 단말기 시장에서 삼성과 LG가 약 20%를 차지하였으며(표 18), 그동안 모토로라, 노키아, NEC, 에릭슨 등 해외 제품이 지배하던 국내 시장에서도 CDMA 서비스가 시작되면서 삼성과 LG 제품이 대부분을 차지하였다. 그러나 이동통신기기의 생산 및 수출 구조를 보면 핵심 부품을 수입하여 조립 생산하는 단말기가 큰

|표 18| 1998년 미국 CDMA 방식 이동통신 단말기 시장 점유율

	퀄컴	소니	삼성	Audiovox	노키아	모토로라	LG	기타
판매량(천 대)	2,309.77	1,349.89	1,115.45	724.18	668.61	334.03	211.55	97.53
점유율(%)	33.91	19.82	16.38	10.63	9.82	4.90	3.11	1.43

자료: 이상오(1999: 39).

비중을 차지하였으며(산업자원부 2000: 227), 1999년에 통신기기의 부품 국산화율은 40%에 불과하였다.

한국과학기술평가원이 행한 1999년의 설문조사에 의하면, 한국에서 기술 수준이 가장 높은 산업은 세계 최고 수준 대비 71.1%인 정보전자통신산업이며, 제품별로 기능적 성능이 가장 높은 수준의 제품은 1,500cc급 승용차(113.8)에 이어 휴대폰(111.1), 256M D램(101.5), TFT-LCD(101.2)이었다(표 19). 제품의 기능적 성능에 영향을 주는 핵심 기술의 수준이 가장 높은 제품은 256M D램(97.95)이고, 그 다음이 휴대폰(94.92), TFT-LCD(94.87)로 조사되었다(한국과학기술평가원 1999: 21~22). 산업자원부의 조사 결과도 비슷하였다. 메모리 반도체에서는 세계 최고의 기술 수준인 반면, 비메모리 반도체에서는 공정 및 조립 기술은 최고 수준이지만 기초 기술과 설계 기술은 선진국의 50 수준이었다. TFT-LCD 세계 시장에서 국내 기업이 1, 2

|표 19| **전자산업의 기술 수준**

	기능변수				기술변수			
	256M D램	휴대전화기	TFT-LCD	펜티엄 PC	256M D램	휴대전화기	TFT-LCD	펜티엄 PC
미국	100.0	100.0	-	100.0	100.0	100.0	-	100.0
일본	100.2	114.2	100.0	90.7	98.4	100.7	100.0	92.1
한국	101.5	111.1	101.2	87.7	98.0	94.9	94.9	78.6

주: 휴대전화기는 퀄컴 QCP-1920m, 교세라 PS-T15, 한국 A사 제품, TFT-LCD는 히타치, 한국 A사 제품을 비교한 결과.
자료: 한국과학기술평가원(1999).

위이고 모듈 양산에서 세계 1위가 되었지만 중요 부품·소재와 장비를 선진국에 의존하는 상태였다. 통신기기에서도 핵심 원천 기술을 해외에 의존하기 때문에 기술의 평균 수준은 선진국에 미치지 못하며 대량 조립 기술을 바탕으로 하는 단말기 생산이 중심이었다. 가전산업의 아날로그 제품에서는 10년 이상 차이가 있었으나 디지털 제품에서는 대등한 수준이며, 특히 디지털 TV에서 세계 기술을 선도하고 있지만 원천 기술을 미·일에 의존하고 있었다(산업자원부 2000).

이상의 세 분야에서 나타난 기술 추격 과정을 정리하면 다음과 같다.

첫째, 한국이 세계적 수준에 이른 것은 공정 기술이었다. 한국은 전자산업 초기에 리버스엔지니어링으로 기술을 습득하고 상당한 제조 역량을 축적하였다.

공정 기술은 이전의 그러한 기술적 경험 및 제조 역량과 맥락이 닿아 있다. 반도체 조립과 TR 및 IC 생산, 흑백 TV와 컬러 TV 기술, TDX 개발과 통신단말기 제조 기술은 메모리 반도체, 디지털 TV, 디지털 이동통신 부문에서 기술 추격의 기반이 되었다(송성수 1998). 즉, 이전의 아날로그 패러다임에서 축적한 지식과 능력은 새로운 패러다임을 가로막는 장애물이 아니라 원천 기술을 흡수하고 상용화하는 데 긍정적으로 작용하였다.

둘째, 정부출연연구소가 중심이 되어 경쟁 기업들이 참여하는 공동연구에 의한 기술개발을 추진하였다. 지식 기반이 취약한 후발국이 이미 상용화된 기술을 모방하는 것이 아니라 불확실성이 큰 새로운 기술을 습득하고 상용화하는 일은 결코 쉽지 않다. 공동연구개발 사업이 국가적 차원에서 필요한 자원을 동원하고 활용함으로써 그것을 가능하게 하였다. 정부출연연구소는 TDX 개발에서는 주도적 역할을 하고, 4M D램 개발에서는 분야별로 참여 기업들이 역할을 분담하도록 하고 그것을 총괄 관리하였으며, 1990년대 중엽부터는 주로 선행 기초 기술을 연구개발하고 민간 기업이 기술개발 사업을 주도하도록 하였다.

셋째, 기술적으로 최첨단을 지향하였다. 이는 빠른 추격자(fast follower)가 아니라 선도자(first mover)가 되는 것을 의미하며 국제 표준을 만드는 전략•이다(Kim 2013). 예컨대, 한국은 이동통신 부문에서 안정성이 검증되어 유럽에서 개발 중인 TDMA가 아니라 기술적으로 우월하여 국제 표준이 될 것이 예상되는 CDMA를 개발하였다. ICT 분야는 선도자의 지위를 유지하는 데 국제 표준의 선점이 무엇보다도 중요하다. 이는 기술이 상호 연계되어 있어 표준을 선점하는 국가가 모든 것을 갖기 쉽기 때문이다. 한국은 추격 과정에서 국제 표준화 전략을 추진함으로써, 이동통신을 비롯하여 반도체, 디스플레이 패널 같은 ICT 분야에서 세계 선두가 될 수 있었다.

표준화 전략: 선도자 지위를 확보하기 위해 국제 표준을 선점하려는, 기술 추격 마지막 단계의 전략이다. 기술 추격의 첫 단계는 외국의 파트너를 통해 완성된 기술을 수입하고 배우는 것, 두 번째 단계는 공정 및 생산 기술에 독자적인 개선을 하는 것, 마지막 단계는 경쟁자에 앞서 새로운 혁신을 창출하는 것이다.

나가며

한국은 선진 공업국을 추격하는 데 성공한 가장 대표적인 국가라고 할 수 있다. 첨단산업이라 할 수 있는 전자산업의 주요 부문에서 한국은 단기간에 선진 기술의 도입을 통한 모방과 학습의 단계를 넘어 기술을 선도하는 단계로 이행하였다. 한국의 전자산업은 라디오, TV 등의 가정용 기기를 생산하면서 시작되었으며 1980~1990년대에 생산 및 수출 구성이 가정용 기기 중심에서 부품(특히 반도체)과 산업용 기기(특히 이동통신기기) 중심으로 변하였고 수출과 생산 및 고용에서 차지하는 비중이 크게 높아졌다. 한국과 비슷하게 전자산업에서 두각을 보인 대만과 달리 외국인 기업의 역할은 거의 미미하였고 재벌 대기업이 산업의 성장을 주도하였다. 이 책에서는 한국의 전자산업이 어떻게 이처럼 짧은 기간에 모방과 학습의 추격 단계를 넘어 일부 부문에서 독자적으로 기술을 선도하는 단계에 이를 수 있었던 것인가를 정부 정책의 방향과 내용, 시장에서의 기업 간 경쟁, 그리고 기술 혁신 과정에 대한 검토를 통해 설명하고자 하였다. 그것을 요약하면 다음과 같다.

첫째, 정부의 역할이 중요하였다. 정부는 1960~1970년대에 전자산업의 양적 성장과 수출 확대에 초점을 두고 전자산업을 육성하는 계획을 수립하고 추진하였다. 국내에 축적된 자본과 기술이 없는 산업 초기에 정부는 외국인 직접투자를 적극 유치하면서도 그것이 국내 기업의 성장을 저해하지 않도록 하였다. 그 결과 한국의 전자산업은 대만과 비교하여 외국인 직접투자에 대한 의존도가 낮고 재벌 대기업을 중심으로 발전하였으며 이는 국내의 다른 산업에서도 나타나는 한국경제의 특징이었다. 정부 주도의 개발을 통해 기업이 성장하자 1980~1990년대에 정부는 전자산업의 질적 고도화를 위한 정책을 추진하였으며 정책 기조를 시장의 자율성을 높이는 방향으로 바꾸었다. 이에 대기업 중심의 민간단체인 전자공업진흥회와 대기업이 산업육성계획을 제안하거나 계획의 수립 과정에 참여하였다. 즉, 1970년대와 달리, 1980~1990년대에 전자산업의 정책 결정에는 민간 기업과 이익연합체가 점차 주도적인 역할을 하였다.

정부는 전자산업육성계획을 수립·실행할 뿐 아니라 정부출연연구소를 설립하여 공동 연구개발 사업을 조직하고 기술개발을 주도하거나 지원하는 역할을 하였다. TDX 개발은 정부출연연구소가 기술을 개발하여 기업과 공유하는 정부 주도적 방식이었으며, 1980년대 후반에서 1990년대 전반까지의 4M과 16M D램 반도체 개발, CDMA 개발, HDTV 개발은 정부출연연구소가 민간 기업의 역할을 조정하고 종합하는 방식이었다. 기업의 역량이 많이 향상된 1990년대 중엽부터는 기업이 기술개발을 주도하고 정부출연연구소는 표준형을 선정하거나 기초연구를 하였다.

이처럼 공동 연구개발을 하는 것은 정부 및 민간의 기술개발 역량이 결집되어야 첨단 기술에의 진입이 가능하다는 점, 기업이 기술개발 없이 단순한 기술 전수만으로는 핵심 기술을 갖기 어렵다는 점, 부품의 국산화를 위해서는 민간 기업의 참여가 필요하다는 점 때문이었다(홍성범·김태성 2000: 56). 대기업이라도 불확실성이 큰 사업에 R&D 투자를 할 수 있는 연구 인력과 자금이 부족한 시기에 정부출연연구소가 주도한 공동 연구개발 사업은, 지식 기반을 공동으로 창출하고 기술 추격의 기반을 조성하는 구심적 역할을 하였을 뿐 아니라 불확실성의 위험을 분담할 수 있도록 하였다. 기업들이 단기 수익성이 확실한 사업보다 불확실성이 큰 공동 연구개발 사업에 참여한 것은, 기술 모방의 한계를 벗어나야 한다는 필요성 때문만이 아니라 그것이 시장 진입의 조건이 되므로 기업의 입장에서 바람직한 전략이었기 때문이다.

정부는 공동 연구개발에 참여한 대기업을 지원함으로써 기업이 추격자에서 선도자로 성장하는 데 수반되는 위험을 줄이고 R&D 투자를 촉진하였다. 대기업과 정부출연연구소의 이러한 공동 연구개발을 통해 한국의 대기업은 세계 첨단 기술의 최전선에서 경쟁할 수 있는 기술력을 갖게 되었다. 반면, 대만은 중소기업으로 구성되어 OEM/ODM으로 글로벌 가치사슬에 들어가기 위해 틈새 시장에 적합한 기술을 발전시키는 전략을 추구하였다. 또한 한국의 ETRI와 비견되는 대만의 공업기술연구원(ITRI)은 기술을 개발하여 기업에 공급하고 나아가 기업을 분사(spin-off)하는 역할을 하였다. 이런 점에서 한국과 대만의 정부출연연구소가 전자산업의 성장 과정에서 한 역할이 상이하였다(Shiu, Wong, and Hu 2014).

둘째, 세계 시장이 급속히 성장하는 가운데 국내

대기업 간의 경쟁이 한국의 전자산업의 성장에 중요하였다. 전자제품 세계 시장이 크게 성장할 수 있었던 것은 시장이 아날로그 제품에서 디지털 제품 중심으로 전환하고 있었기 때문이다. 세계 시장에서 산업용 기기와 부품은 큰 비중을 차지하고 가정용 기기의 비중은 크지 않았다. 한국은 전자제품 생산 및 수출에서 1980년대 중엽까지는 가정용 기기가 중심이었으나 점차 반도체와 같은 부품 중심으로 변화하였으며 1990년대 말부터는 이동통신 단말기와 같은 산업용 제품의 비중이 커지면서 세계 시장에 적합한 구조로 변하였다.

국내 대기업은 리버스엔지니어링을 통해 외국 기술을 모방하고 제품 경쟁을 통해 외형을 성장시켰으며 계열사를 설립하거나 합병하는 과정을 통해 사업영역을 확장 또는 강화하였다. 이런 과정 속에서 기업은 기술 및 제조 능력을 축적하고 세계 시장에서 경쟁력을 발휘하였다. 기업은 처음부터 자사 브랜드로 제품을 출시하였는데, 시장에 아직 잘 알려져 있지 않은 브랜드로 세계적 브랜드와 경쟁한다는 것은 OEM 방식보다 확실히 어렵고 위험이 큰 선택이었다. 그러나 삼성과 LG는 전자제품의 모든 분야에서 서로 경쟁하면서 기술력을 높여 갔으며 마침내 시장에서의 지배적 지위를 갖게 되었다. 두 기업은 상호 경쟁적으로 시장의 니즈를 빠르게 포착하고 그것을 상품화하면서 국내 시장을 분할 지배하였고 세계 시장에서도 상호 강력한 경쟁자가 되었다.

한국의 전자산업은 초기부터 대기업 중심의 독점적 시장구조가 형성되면서 과감한 투자에 의한 대량 생산 체제의 구축과 생산 효율성의 향상을 통해 후발자의 불리함을 극복하는 데 성공하였으며, 그 과정에서 대기업은 정부의 지원에 힘입어 산업을 주도하였다. 한국에서는 재벌 대기업이 전자산업 전 부문에서 생산과 수출을 거의 독점하고 있지만, 대만에서는 중소기업의 전통이 강하며 중소기업이 OEM 방식으로 생산하는 PC 부문의 비중이 크기 때문에 전자산업의 생산 및 수출에서 산업용 기기가 중심이 되었다. 양국 모두 전자산업을 대표하는 세계적 기업이 있지만, 한국에서는 삼성, LG와 같은 민간 기업 종합전자업체인 반면, 대만의 TSMC나 UMC는 모두 정부의 투자로 설립된 파운드리 기업이었다.

한국이 선도하고 있는 메모리 반도체, 디스플레이, 디지털 TV, 통신기기 부문은 자본 집약적이며 , 기술을 선도하고 시장을 선점하기 위해서는 막대한 설비투자가 필요하다. 이 점에서 대기업의 존재가 추격에 유리하게 작용하였다. 재벌 대기업은 처음부터 자사 브랜드를 고집하였으며 단순히 기술 모방에 머무르지 않고 선도자 전략을 추구하였다. 대기업은 부품에서 완성품까지 전자산업의 전 분야로 생산을 다각화하였으며, 재벌의 강력한 오너십으로 불황기에 오히려 기술개발을 위한 과감한 투자를 결정함으로써 기술을 선도할 수 있었다. 이는 중소기업 네트워크가 혁신을 주도하는 대만과 비교된다. 대만의 기업은 조립 생산이나 하나의 부품만을 생산하는 경우가 많고 외국인 대기업과 OEM/ODM의 관계에 있었으며, 대규모 설비투자를 할 수 있는 재원이 없기 때문에 빠른 추격자 전략을 추구하였다. 다만 많은 팹리스 중소기업이 존재하는 상황이었기에 파운드리 대기업이 등장하였고 그것이 반도체 공정 기술을 선도하였다.

셋째, 전자산업에서의 기술 추격은 디지털 기술로의 전환이라는 배경하에서 가능하였다. 1960~1970년대에 한국의 전자산업은 성숙기에 있는 기술을 단순조립과 리버스엔지니어링에 의해 모방하는 단계에 있었으나, 성숙기에 들어선 기술로는 세계 시장에서 다른 후발 개도국과 경쟁할 수 없었다. 1980~1990년대에 전자 산업은 디지털 기술로 전환함에 따라 글로벌 가치사슬의 형성, 시장의 변화, 모듈화 기술의 확산 등, 산업의 생태계가 크게 변하면서 한국은 기술 추격을 넘어 기술 선도까지 가능한 기회를 갖게 되었다.

디지털 기술로의 전환은 후발국이 빠른 추격자에서 선도자로 도약(leapfrogging)할 수 있는 기회였다. 여기서 중요한 것은 디지털 시대로의 기술 환경의 변화 속에서 정부와 민간이 설정한 목표와 추격의 방향과 추진 방식이며, 그에 따라 추격의 과정이나 결과는 달라질 것이다. 한국의 전자산업이 기회를 현실로 만드는 데 크게 기여한 것은 공정 기술에 초점을 맞춘 CDMA 상용화 개발, D램 반도체 개발과 HDTV 개발 등의 사업이었다.

디지털 제품은 아날로그 제품과 질적으로 다르고 그것을 빠르게 대체하는 상황이었기 때문에 비록 아날로그 기술의 최강자였을지라도 디지털 기술로의 전환이 늦을 경우에는 낙오할 수밖에 없다. 예컨대, 일본은 아날로그 제품에서 세계 최고였지만 디지털 시대에 그런 제조 기술의 우위는 약화되었다(長內 厚·神吉直人 編著 2013; 岸本千佳司 2017). 기술에 앞서 있던 선진국은 기존의 패러다임에 고착되는 경향이 있어 오히려 디지털 기술의 확산이 용이하지 않을 수 있다. 반면, 모방에서 벗어나 혁신을 추구하는 후발국에게는 디지털 기술로의 전환이 선진국을 추격할 수 있는 '기회의 창'이 되어 추격자에서 선도자로 도약할 가능성이 커진다. 한국은 아날로그 기술의 최고 수준에 이르기 전에 디지털 기술로의 전환기를 맞이하여 기존의 기술에 고착됨이 없이 신기술에 빠르게 적응함으로써 디지털 TV와 LCD, 이동통신기기 등의 중요한 산업과 디지털 전환의 핵심 부품인 반도체산업에서 세계적 경쟁력을 갖게 되었다.

그렇다고 아무런 기반 없어도 도약이 가능한 것은 아니다. 도약이 가능하였던 것은, HDTV 개발의 사례처럼 기존의 아날로그 기술에서 축적한 생산 및 개발 능력이 디지털 기술에 대한 접근에 장애가 되지 않고 보완적 자산으로 활용되었기 때문이다. 한국은 리버스엔지니어링을 통한 학습과 경험을 기초로 하여, 단계를 뛰어넘거나 디지털 기술과 제품으로 바로 진입하는 기술적 도약을 하였다. 즉, D램 메모리 반도체 부문에서 단계를 뛰어넘는 도약이 가능하였던 것은 반도체 조립과 LSI 생산의 경험이 있었기 때문이었다.

또한 이동통신 부문에서 TDMA 단계를 거치지 않고 상용화가 불확실한 CDMA를 채택하여 국제 표준으로 만들 수 있었던 것은 TDX 개발 경험이 있었기 때문이었다. 한편, 같은 후발국이면서 OEM/ODM을 통해 성장해 온 대만의 전자산업은 디지털 시대에 요구되는 제품 설계 능력이 부족하여 선도자보다는 빠른 추격자 경로로 발전하였다.

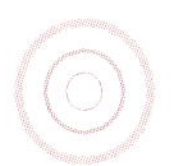

참고문헌

국무총리기획조정실(1977), 『중화학공업건설에 관한 연구』, 유신정책심의회 제5차 조사연구보고서.

김석희·배종기·윤동진(1989), 『국내 전자산업에 있어서의 외국인 직접투자의 효과』, 산업연구원.

김수연·백유진·박영렬(2015), 「한국 반도체산업의 성장사: 메모리 반도체를 중심으로」, 『경영사학』 30(3), 145~166.

김종걸(1999), 「전자산업발전에 있어서 한국적 특징: 대만과의 비교분석」, 『동북아경제연구』 10(2), 287~308.

김충기(1986), 「국내 반도체 공업의 발전 회고」, 『전자공학회지』 13(5), 44~53.

대한민국정부(1976), 『제4차 경제개발5개년계획: 1977-1981』.

박기주(2020), 「1960-1970년대 한국의 전자산업 육성 정책」, 『경제사학』 44(1), 33~66.

박영구(2021), 『한국의 중화학공업화 공업별 연구-전자공업』, 도서출판 해남.

박희천·김석희·주대영·곽국휘·윤동진(1987), 『우리나라 반도체산업의 현황과 육성전략』, 한국개발연구원.

산업자원부(1998), 『산업자원백서 1998년』.

______(2000), 『디지털시대의 산업경쟁력 강화전략』.

삼성전자주식회사(2010), 『삼성전자 40년 도전과 창조의 역사』.

상공부(1981), 『제5차 경제사회발전 5개년계획 상공부분실천계획』.

______(1982), 『전자공업고도화장기계획』.

______(1987), 『상공백서 1987년』.

______(1989), 『상공백서 1989년』.

상공자원부(1994), 『상공자원백서 1994년』.

송갑용·전수일(1974), 「우리나라 전자공업 육성방향에 대한 연구」, 『논문집』 제3권, 광운대학교, 197~266.

송성수(1998), 「삼성 반도체 부문의 성장과 기술능력의 발전」, 『한국과학사학회지』 20(2), 151~188.
송위진(2005), 『한국의 이동통신, 추격에서 선도의 시대로』, 삼성경제연구소.
송위진·이근·임채성(2004), 「디지털 전환기의 후발국 기술추격 패턴 분석: 디지털 TV 사례」, 『기술혁신연구』 12(3), 205~227.
LG전자(2008), 『LG전자50년사』.
윤정로(1990), 「한국의 산업발전과 국가–반도체 산업을 중심으로」, 『사회와 역사』 22, 66~128.
이경태·김준현·박중구(1985), 『한국·대만·말레이지아·싱가포르의 전자부품산업 비교분석』, 산업연구원.
이병철(2014), 『호암자전』, 나남.
이상오(1999), 「이동전화단말기」, 『정보통신산업동향』, 정보통신정책연구원, 25~46.
이상철(2013), 「기술도입을 통한 전자교환기 생산과 투자조정(1972-80년)」, 『경영사학』 28(4), 233~256.
전자산업연구소(2001), 『최근의 전자산업 동향 및 2001년 하반기 전망』, 『전자진흥』 21(7), 1~10.
주대영(2006), 「전자산업, 1,000억 달러 수출시대의 현안과제」, 『산업경제분석』, 산업연구원, 16~29.
______(2019), 「한국의 4M DRAM 공동연구개발 사례연구(下)」, 『반도체디스플레이기술학회지』 18(2), 103~110.
중화학공업추진위원회기획단(1979), 『중화학공업발전사』.
통상산업부(1995), 「전자산업 기술개발 전략」, 『전자진흥』 15(4), 12~16.
한국경제특별취재팀(2002), 『Samsung Rising 삼성전자 왜 강한가』, 한국경제신문.
한국공학한림원(2018), 『한국산업기술발전사–정보통신』.
______(2019), 『한국산업기술발전사–전기전자』.
한국과학기술연구원(1989), 「산업기술연구조합의 효율적 육성방안에 관한 연구」.
한국과학기술평가원(1999), 『우리나라의 주요 과학기술수준조사–요약–』.
한국전자공업진흥회·전자산업발전민간협의회(1989), 『전자산업의 중장기 발전 전망』.
한국전자산업진흥회(1999), 『전자산업40년사』.

홍성범·김태성(2000), 『교환기산업의 기술혁신패턴과 전개방향』, 과학기술정책연구원.

황혜란·신태영(2000), 『한국 반도체/컴퓨터 산업의 혁신체제의 진화과정 및 개선방안』, 과학기술정책연구원.

梶原弘和(1994), 「台湾の電機電子産業-産業組織変化と輸出拡大」, 『産業発展と産業組織の変化-自動車産業と電気電子産業』, アジア経済研究所, 243~266.

岸本千佳司(2017), 『台湾半導体企業の競争戦略』, 日本評論社.

吉岡英美(2012), 「韓国半導体産業の新局面」, 佐藤幸人編, 『キャッチアップ再考』, アジア経済研究所, 62~83.

谷浦妙子(1994), 「産業発展と産業組織の変化-仮説とその検証-」, 『産業發展と産業組織の變化: 自動車産業と電氣電子産業』, アジア經濟研究所, 3~32.

長內 厚·神吉直人 編著(2013), 『臺灣エレクトロニクス産業のものづくり』, 白桃書房.

朴基炷(2022), 「韓国電子産業のキャッチアップ」, 林采成·武田晴人 編, 『企業類型と産業育成』, 京都大學學術出版會, 191~227.

Abe, M. and M. Kawakami(1997), "A Distributive Comparison of Enterprise Size in Korea and Taiwan," *The Developing Economies*, 35(4), 382~400.

Eriksson, E.(2005), "Innovation Policies in South Korea and Taiwan," VINNOVA Analysis.

Henderson, R. M. and K. B. Clark(1990), "Architectural Innovation: The Reconfiguration of Existing Product Technologies and the Failure of Established Firms," *Administrative Science Quarterly*, 35(1), 9~30.

Kim, H.(2013), "Analysis on Standardization Policy in Perspective of Technology Adoption Korean Cases of National ICT Policy," SNU ph. D. dissertation.

Kim, Linsu(1997), *Imitation to Innovation*, Harvard Business Review Press(임윤철·이호선 역(2000), 『모방에서 혁신으로』, 시그마인사이트).

Lee, K.(2009), "How Can Korea be a Role Model for Catch-up Development?" Research Paper No. 2009/34.

Lee, K. and C. Lim(2001), "Technological Regimes, Catching-up and Leapfrogging: Findings from the Korean Industries," *Research Policy*, 30(3), 459~483.

Lee, K. and M. Yoon(2010), "International, Intra-national and Inter-firm Knowledge

Diffusion and Technological Catch-up: the USA, Japan, Korea and Taiwan in the Memory Chip Industry," *Technology Analysis & Strategic Management*, 22(5), 553~570.

Lee, K., C. Lim, and W. Song(2005), "Emerging Digital Technology as a Window of Opportunity and Technological Leapfrogging: Catch-up in Digital TV by the Korean Firms," *International Journal of Technology Management*, 29(1/2), 40~63.

Porter, M. E.(1990), *The Competitive Advantage of Nations*, The Free Press(문휘창 역(2009), 『국가 경쟁우위』, 21세기북스).

Shiu, J-W., C-Y. Wong, and M-C. Hu(2014), "The Dynamic Effect of Knowledge Capitals in the Public Research Institute: Insights from Patenting Analysis of ITRI (Taiwan) and ETRI (Korea)," *Scientometrics*, 98, 2051~2068.

찾아보기

[ㅊ]

[ㅋ]

[ㅌ]

[ㅍ]

[ㅎ]